Вавилов Владислав

Основы менеджмента
в фитнес-индустрии

Киев 2015

УДК 005.32:[796.012.61+613.71
ББК 65.290-2+75.6
В12

Вавилов, Владислав.

В12 Основы менеджмента в фитнес-индустрии / Владислав Вавилов. – К. : Саммит-Книга, 2015. – 168 с. : ил.

ISBN 978-617-7182-75-6

Фитнес-индустрия – это интересное и специфическое направление бизнеса. С начала 90-х фитнес вошел в жизнь простого обывателя, плавно перекочевав из подвалов в престижные залы.

С каждым годом количество фитнес-клубов, как и салонов красоты, растет, и возникает ключевой вопрос фитнес-бизнеса: как грамотно управлять фитнес-клубом, чтобы он приносил прибыль?

В данной книге вы найдете ответы на все волнующие вопросы о фитнес-бизнесе. Получите рекомендации, как грамотно работать с персоналом, подбирать и мотивировать свою команду. Советы, как стать успешным фитнес-менеджером. Все советы практические и применимы в фитнес-клубах на территории СНГ.

Это первая книга о фитнес-менеджменте – важный инструмент для грамотного управленца фитнес-клубом.

Автор – Вавилов Владислав, бизнес-тренер, ведущий консультант в индустрии красоты и фитнеса, политический и общественный деятель.

**УДК 005.32:[796.012.61+613.71
ББК 65.290-2+75.6**

Содержание

4

Вступление

Дорогой читатель, перед вами – книга, посвященная фитнес-менеджменту. За 15 лет работы в фитнес-индустрии я управлял несколькими фитнес-клубами, а также консультировал десятки предприятий сферы фитнеса. Наблюдая за уровнем подготовки менеджеров, я сделал простой вывод: фитнес-менеджеру необходимо постоянно учиться. Учиться должен любой менеджер, а менеджер фитнес-клуба – особенно. Ведь фитнес-индустрия, особенно в Восточной Европе, находится в постоянном движении и развитии.

Я решил написать книгу и поделиться своими знаниями, а главное – опытом, с коллегами и начинающими менеджерами.

Как говорится, делитесь – и прибудет.

К особенностям фитнес-менеджмента относится то, что этим правилам и узкой специфике бизнеса и его подводным камням мало кто учит. Обычно понимание приходит спустя два-три года работы, а полное осознание тонкостей и инструментов менеджера приходит на десятый год. Я хочу помочь вам сократить этот период и минимизировать количество шишек, которые вы можете набить, дать ряд практических советов.

Открытие фитнес-клуба, да и сам фитнес-клуб, зачастую ассоциируется с тренажерным залом и «качком», который должен ходить в растянутой майке, тренироваться с большими весами и много кушать. Боюсь спросить, с кем же ассоциируется фитнес-менеджер?

Часто менеджеры в фитнес-клубах – это родственники собственника клуба. Я ничего не имею против такой формы работы при одном условии: если эти менеджеры эффективны и приносят клубу прибыль, либо радость его хозяину.

Обычно фитнес-менеджеры не любят учиться, им кажется, что они все знают и все умеют. Большинство из них учится только в период тяжелого кризиса на предприятии. Когда спад клиентов превышает 70%, в других сферах бизнеса это уже клиническая смерть, а в фитнес-индустрии – это повод посетить семинар. Действительно, настало время узнать что-то новое. Не стоит доводить свой клуб «до ручки».

Прочитав эту книгу, вы получите действенные инструменты для эффективного управлением фитнес-клубом или фитнес-студией.

Главное – грамотно ими распорядитесь.

Удачи.

Основы менеджмента

«Менеджер фитнес-клуба» – как гордо звучит эта должность! Особенно гордо она звучит, характеризуя человека, который действительно соответствует своему положению.

Кто такой фитнес-менеджер?

Менеджер – это сотрудник, осуществляющий управленческую деятельность и решающий управленческие задачи.

Фитнес менеджер – это управленец, который несет ответственность за свои действия и за действия своих подчиненных. Мне очень нравится это определение.

Работа фитнес-менеджера – это прежде всего, большая ответственность за результат, за весь фитнес-коллектив, за плановые показатели.

Я часто встречаю очень хороших фитнес-тренеров, которые никак не могут понять тот факт, что они – довольно средние менеджеры. Искусство руководить людьми и вести их вперед к заданной цели, к сожалению, дается не всем. По этой причине фитнес-индустрия и страдает от некачественного менеджмента, а, на мой взгляд, это – ключевая проблема сегодняшнего фитнес-бизнеса. Тренеров учат постоянно, менеджеров – тоже пытаются. Про администраторов – молчу.

Давайте более детально разберем функции, которые должен выполнять фитнес-менеджер (иногда его называют фитнес-директором):

1. Планирование

Это очень важная функция любого менеджера, и фитнес-индустрия – не исключение.

Не буду вдаваться в глубокие подробности плановой экономии, но без грамотного плана работы невозможно достичь результата. Если не планировать определенное количество клиентов или проданных персональных тренировок, вы никогда не достигнете ожидаемых результатов.

Менеджер не должен рассчитывать на экспромт или случайность: это – не покер.

В вопросе планирования работы фитнес-клуба важно отметить вопрос определения целей для каждого сотрудника и для департамента в целом.

Каждому сотруднику фитнес-клуба желательно ставить план. Знаю, что это неприятная штука. Но без этого – никак. Ведь для обеспечения полноценной работы вашего клуба вам необходимо зарабатывать, то есть продавать услуг на определенную сумму. И проще ее достичь, когда каждый из сотрудников будет понимать, сколько всего надо заработать и сколько должен принести именно он.

Важно! Уважаемые директора, не ставьте сотрудникам невыполнимые планы. Это их демотивирует, и они перестают качественно работать. Нередко встречаю ситуации, когда тренеру тренажерного зала ставят план сто тренировок за три месяца работы. При этом тренера не учат, как эти чертовы тренировки продавать. Я уже умолчу о самом тренировочном процессе.

Рекомендую обязательно ставить план отделу продаж, в том числе и рецепции, ведь часто эти функции выполняют одни и те же люди. Мои им соболезнования, это – реально герои.

Для инструкторов групповых программ довольно сложно ставить планы. Во-первых, они работают в разных клубах и бегают, как кузнечики, по всему городу. Во-вторых, персональные тренировки в групповых программах мало кто покупает. Хотя, на мой взгляд, ключевая проблема низких продаж персональных тренировок в групповых программах лежит в нежелании инструкторов продавать эти тренировки. Ведь эти веселые ребята и девушки не сильно хотят учиться продажам. А стоило бы.

Вы должны четко поставить цель и показывать степень прогресса. Каждый инструктор знает, сколько часов он отдежурил, и сколько тренировок провел. Они записывают эту информацию либо в чудо-блокнот, либо в телефон. Важно формировать командный дух всего вашего клуба и всех подчиненных. Поэтому я рекомендую вывешивать раз в неделю в комнате для персонала цифру, которую заработал клуб за неделю, и сколько еще осталось до достижения плановых показателей. Это будет мотивировать ваш коллектив.

Следующим важным моментом в планировании является установка срока выполнения плана. То есть, когда каждый понимает, что именно ему нужно сделать, и когда. Это важно.

И последним этапом в вопросе планирования является определение путей достижения поставленных целей. Ведь мало просто сказать: нам надо заработать 100 000 у.е. за работу, мальчики и девочки. Менеджер должен понимать, каким образом его коллектив заработает эти 100 тысяч, какие надо применить менеджерские инструменты для достижения цели.

Я обычно рекомендую и сам на собрании рассказываю, как нужно достигать эти цели. Причем рассказываю это на общем собрании всего коллектива, приглашая даже уборщиц и охранников. Ведь если мы – одна большая семья, то радости и проблемы мы должны делить вместе. Я часто встречаю сотрудников, не понимающих и не знающих этих данных. Почему-то менеджмент их фитнес-клуба скрывает эти цифры от своих подчиненных.

Могу расстроить уважаемых коллег: ваш оборот не является настолько закрытой информацией. Ведь определить (хотя бы приблизительно) ваш оборот несложно. Так что мотивируйте цифрами свой персонал.

> **Важно.** Руководитель одной крупной компании (не фитнес-индустрии) на тренингах для своих сотрудников никогда их не критиковал, и не делал замечания, если у них не получалось выполнить задания. Он помогал каждому сотруднику решить вопрос. Но после обучения он требовал выполнения и применения навыков, полученных на обучении. И жестко штрафовал, если они их не применяли.

Фитнес-менеджер иногда ассоциируется у меня со строгим, но любящим многодетным папой или мамой. Сотрудники – это дети, которых надо любить, но наказывать. Причем наказывать можно даже тогда, когда они все хорошо делают. Просто, чтобы не расслаблялись.

Хотя помните: уважение, основанное на страхе, не приведет к большим, и, самое главное, длительным достижениям.

2. Организация

Очень важный аспект работы фитнес менеджера – правильно организовать процесс работы всего клуба: процесс выполнения плана по продажам персональных тренировок, процесс выполнения распоряжений. Менеджер должен понимать, как эти процессы проходят и что необходимо делать для их реализации. Обычно на этом этапе фитнес-менеджеру помогают руководители подразделений. Это может быть старший тренер в тренажерном зале или менеджер тренировочного зала, менеджер групповых программ или старший администратор рецепции.

Грубо говоря, это — менеджеры, которые подчиняются фитнес-менеджеру. В каждом клубе своя иерархия и свои правила, так что не будем на этом останавливаться. Важно распределить ответственность, которую будет нести каждый сотрудник фитнес-клуба. Но только после четкого понимания, как ему достичь поставленных планом результатов.

Фитнес-менеджер должен регулярно проводить собрания с менеджментом среднего звена, задавать им базовые вопросы. Что сделано? Что надо исправить? Какие меры уже предприняты?

Я рекомендую делегировать полномочия своим подчиненным. Ведь если вы руководите большим фитнес-клубом и не делегируете своих полномочий, то ваш рабочий день напоминает аврал приемного отделения скорой помощи. Тут бумага в туалете закончилась, тут инструктор аква-направления не вышел на смену, тут клиент не доволен инструктажем. И вы бегаете, как рысь, раненная в ягодицу, решая текучку.

Для этого нужны менеджеры (старшие) по каждому направлению. Они должны помогать вам в решении рабочих вопросов, а вам следует заниматься глобальными и стратегическими вопросами развития вашего фитнес-клуба, а не бегать с уборщицами в поисках туалетной бумаги.

Важным аспектом в организации работы вашего персонала является координация работы. Во-первых, каждый сотрудник должен знать, по каким вопросам к кому обращаться. Во-вторых, нужно соблюдать субординацию. А с этим очень часто бывают проблемы. Если что-то происходит, то сразу бегут к «самому главному», которого следует называть по имени-отчеству. Давно замечено: если вы становитесь менеджером, уборщицы немедленно начинают вас называть по имени-отчеству. А со временем – просто «Валерич» (я про себя).

Смешной пример. В клубе, в котором я работал, произошел потоп. Случилось это в три часа ночи. Я отвечал за департамент охраны, администраторов и уборщиц. Обычно эти департаменты постоянно находятся под ударом и «косячат» по-черному.

Звонок меня разбудил и привел в шок. Охранник испуганным голосом говорит: «Нас затапливает!». Спросонок я никак не могу понять, каким образом фитнес-клуб оказался на море. Но клуб реально затапливало. Охранник просил разрешения позвонить генеральному директору. Я ему в этом отказал. Что может сделать генеральный? Прибежать с ведрами и начать вычерпывать воду?! У департамента охраны была четкая команда: если что-то происходит, то первым звонить мне, а потом я приму решение звонить генеральному директору. Утечка была устранена, а в 9:00, когда генеральный директор пришел на работу, я доложил об инциденте и его решении. У вас в клубе должно происходить точно так же.

3. Координация

Важным аспектом в процессе организации работы фитнес-клуба является координация.

Координация – это процесс согласования.

Настоящий менеджер должен выстроить работу своего фитнес-клуба так, чтобы клуб был полностью независим от личности менеджера. Каждый сотрудник должен понимать, что он делает, в какой ситуации он обращается к администратору, а в какой – бежит к «самому главному». Напоминать вам, что эти вопросы обычно описываются в должностной инструкции, я не буду. Ведь ее все равно никто не читает, хотя образец приводится в конце этой книги, как пример для использования.

Важным моментом координации работы персонала фитнес-клуба есть четкое понимание и грамотная работа по адаптации нового персонала. О процессе адаптации написано чуть ниже. В вашем фитнес-клубе часть персонала может увольняться, меняться. И ту схему работы, которую вы настроили с одними сотрудниками, надо поддерживать. Ведь через месяц-другой некоторые сотрудники просто забывают правила и стандарты качества обслуживания, а также внутренние распоряжения. Им нужен волшебный «пендель», либо один-другой удар гимнастической палкой по мягкому месту. Не стесняйтесь несколько раз объяснить, что должен выполнять ваш тренер. Как он должен работать с рецепцией. Эта профилактика никогда не будет лишней.

4. Принятие решений

Процесс, или процедура, принятия решений – основной аспект в организации работы фитнес-клуба. Вы можете прочитать тысячи книг, прослушать десятки лекций, но решения будете принимать только вы. Да и ответственность вы тоже будете нести лично и в одиночку.

Оштрафовать этого тренера или администратора, сделать скидку для требовательного клиента... Вы, как менеджер, должны принимать взвешенное решение. Рекомендую в процессе принятия решений всегда думать о последствиях и быть жестче в этом аспекте. Ведь за твердым и принципиальным лидером пойдут сотрудники. А за нерешительным «тихоней» никто не пойдет! Помните об этом, начинающие тираны и фитнес-диктаторы :).

Сотрудники не должны оспаривать и ставить под сомнение ваши распоряжения. Вы должны быть авторитетом в глазах всего персонала.

Помните: за принятые вами решения наступает ответственность. Тщательно взвешивайте любые действия и ни в коем случае не принимайте решение сгоряча. Деньги любят тишину, а голова любит холод.

Очень важным правилом эффективного менеджера является право советоваться: вы вызываете к себе сотрудника и спрашиваете, что бы он сделал на вашем месте в данной ситуации. Не стесняйтесь это делать. Я так делаю с особо наглыми и «типа умными», мол «вам там легко руководить». «Вот я бы на вашем месте...» — и начинает умничать в комнате для персонала. Парируйте: «Не вопрос, а как бы ты сделал на моем месте?» Часть людей тушуется и отвечает, что это вы менеджер, а не они. И их ум и рекомендации сразу куда-то исчезают.

Важно, чтобы коллектив не сомневался в правильности ваших решений.

5. Контроль

Вы должны контролировать все процессы, которые происходят у вас в фитнес-клубе. Поговорка о том, что имеющий информацию владеет миром, применима и к фитнес-клубу. У некоторых собственников складывается неправильное ощущение, что менеджер должен присутствовать весь день в клубе и сидеть, как охранник, на проходной. Настоящий менеджер обязан знать, что происходит у него в фитнес-клубе и без личного присутствия в нем.

Как, спросите вы? Ответ прост, но неприятен. У вас должны быть специальные люди, которые могут вам рассказать, что действительно происходит в клубе. Это не стукачи, которые «закладывают» сотрудников, желая выслужиться перед директором. Это — доверенные люди. Скажу больше: если часть персонала нарушает правила, этот сотрудник должен нарушать вместе с ними. Он должен быть «агентом под прикрытием». Если коллектив его расколет, вы лишитесь своего информатора, и будете дурно выглядеть в глазах подчиненных. Если не получается найти такого человека, лучше не пробуйте.

Следующим важным аспектом контроля является видеонаблюдение. Вы можете отсутствовать весь день, затем прийти на работу, и в ускоренном режиме просмотреть, что происходило в клубе. Помогает! Кроме того, видеонаблюдение позволяет грамотно решать спорные ситуации с коллективом и клиентами.

Важно. Если вы видите, что сотрудник что-то начинает делать неправильно, рекомендую его сразу остановить и исправить его действия. Не дожидайтесь, что он сам все исправит, если будет долгое время что-то делать неправильно. Это может войти в привычку, и потом это уже исправлять будет гораздо сложнее.

ОРГАНИЗАЦИЯ РАБОТЫ ТРЕНАЖЕРНОГО ЗАЛА

Тренажерный зал приносит от 40% до 80% прибыли фитнес-клубу. Причем чем меньше размер клуба и набор услуг, тем больше прибыли приносит тренажерный зал.

Это не повод забывать и оставлять без внимания другие направления в вашем фитнес-клубе. Но факт доходности – неоспорим.

Поэтому следует приложить максимум усилий, чтобы этот департамент работал слаженно и приносил хорошую прибыль.

Обычно в тренажерном зале есть менеджер или старший тренер.

В большинстве случаев в этом вопросе все упирается в фантазию директора и самолюбие самого менеджера. Но обычно в тренажерном зале площадью более 200–300 м^2 должен быть старший – неважно, как вы его назовете.

Из моего опыта, это может быть просто инструктор, но желательно с большим опытом работы, который склонен к менеджерской работе.

Ошибка!

Очень часто замечаю, что менеджером назначают самого старшего или самого опытного. Причем он не сильно хотел быть менеджером. Просто старший по возрасту – автоматически значит менеджер. Это ошибка. Менеджером должен быть грамотный управленец, либо инструктор, который хочет стать менеджером. Ведь от его работы зависит финансовый результат самого прибыльного подразделения. И он должен иметь большое желание и способности.

История из жизни

Будучи инструктором тренажерного зала, я всегда мечтал стать менеджером или фитнес-директором. Должность менеджера мне предлагали, но меня не устроили условия работы, хотя была хорошая ставка и 45 инструкторов в подчинении. А должность фитнес-директора мне так и не предложили :).

Решение

Есть собственники, которые просто собирают всех инструкторов, и просят выбрать старшего по их департаменту.

Бывает, коллектив сам определяет, кто у них будет старший. Это не всегда хорошо и часто приводит к проблемам внутри коллектива. Ведь коллеги видели тренера в работе как тренера, а не как менеджера. И добрый паренек или девушка, которые вчера вместе со всеми пили протеиновый коктейль и ели яйца, получив власть, начинает диктовать свои правила, как юный диктатор.

Поверьте мне, власть кружит голову. Даже самая малая власть. Проверено на собственном опыте.

Поэтому я все-таки рекомендую самостоятельно решить, кто будет менеджером тренажерного зала.

Вы можете пригласить этого человека извне, мол, новая кровь и все такое. Но это тоже может быть временно. Он быстро «споется» с коллективом, и эффект нового человека пройдет. А еще он будет требовать большую ставку.

Но чтобы минимизировать затратную часть на эту

штатную единицу, я рекомендую определить страшного среди инструкторов.

Иногда этот старший может отвечать и за групповые программы, при условии, что он вменяемый. Хотя против внешних менеджеров я ничего против не имею. Иногда новая кровь побеждает старую.

Оплата труда

У менеджера тренажерного зала – больший процент от стоимости собственных персональных тренировок. Плюс процент от суммы проведенных тренировок всеми инструкторами тренажерного зала.

Никаких ставок. Провели много тренировок – хорошо заработал. Мало – ничего не получил. Ставка убивает всю инициативу. Только процент. И жесткий план. Некоторые думают, что менеджер тренажерного зала – это просто мальчик, который сидит с планшетом на жиме ногами или на разгибании и составляет расписание. Увы, это не так.

Менеджер – это ответственность. Ответственность за выполнение плана персональных тренировок.

Плюс у менеджера должны быть менеджерские часы, чтобы его смена не выглядела так: восемь-десять персональных тренировок и пять минут на менеджерскую работу. Два часа в день этот сотрудник должен выделять работе менеджера. Он их должен определить сам, и не занимать персональными тренировками.

Уверен, что у вас есть свои рецепты работы менеджера тренажерного зала.

Основная задача этого специалиста – высокая прибыль подразделения.

В конце года менеджер тренажерного зала может получать премию за успешно проведенный год.

Кроме того, я бы рекомендовал ставить менеджеру процент от продажи спортивного питания. Тогда менеджер будет стимулировать тренеров продавать, думать, как их обучить продажам. Я часто замечаю, что за продажи питания переживает только директор клуба или старший по бару. Теперь будет переживать еще и менеджер тренажерного зала.

Оборудование тренажерного зала

Это довольно пикантный вопрос.

Сколько экспертов – столько мнений. Так сколько нужно тренажеров в клубе? Сколько беговых дорожек? А грушу вешать?

Мое мнение, исходя из практики, таково. При площади тренажерного зала в 200 м^2 нужно хотя бы три беговых дорожки, два-три орбитрека и один велосипед, ведь большая часть клиентов перед занятиями обязательно делает кардиоразминку или просто приходит вечером побегать. Поэтому в тренажерном зале должо быть несколько кардитренажеров. Если площадь тренажерного зала больше, увеличиваем количество дорожек и орбитреков. Обращаю ваше внимание на то, что если у вас в клубе много клиентов в возрасте «за 40», то лучше переводить их с дорожек на орбитреки.

Относительно силового оборудования – не хочу быть обвинен в подыгрывании какой-либо марке. Поэтому рекомендовать что-то конкретное не буду.

Просто используйте проверенное оборудование, желательно, чтобы вы видели его в других залах. Не ведитесь на слишком дешевое и слишком дорогое. Цена не всегда соответствует качеству.

Формируя тренажерный зал, вы можете обратиться к поставщикам оборудования, и провести тендер. Они обычно предоставляют визуализацию тренажерного зала.

Важно. Не наполняйте свой тренажерный зал слишком большим количеством тренажеров, а то клиенты не смогут комфортно тренироваться, им ведь еще нужно ходить между подходами, а не только сидеть на тренажерах.

Важно. Большинство клиентов фитнес-клуба не заостряет внимание на том, какое именно оборудование стоит, главное, чтобы оно было качественное и удобное. Марка значения не имеет. Если не верите мне, попросите клиентов клуба назвать три-четыре марки компаний, которые производят тренажеры.

Если у вас работающий фитнес-клуб и тренажерный зал не новый, не стесняйтесь перетягивать кожаное покрытие на тренажерах. Причем вы можете менять расцветку. А еще создайте хорошую зону для работы со свободными весами, если ее не было до этого. Люди любят просто работать со штангой.

Важно. Не стесняйтесь проводить опрос среди клиентов, на тему: что бы вы добавили в тренажерный зал. Это может быть просто анкета, но желательно, чтобы ее заполнял сам клиент. И она должна быть анонимная.

По моему опыту, клиенты обычно просят редкие тренажеры и добавить беговые дорожки.

Вентиляция

Я не могу не уделить внимания вопросу вентиляции в тренажерном зале. Да, это важно для менеджмента клуба в целом. Если вы не сможете создать надлежащих условий для тренировок клиентов, то управлять таким фитнес-клубом будет очень тяжело. Многие клиенты часто жалуются на вентиляцию. Особенно вечером, когда их много, а на дворе – лето. Нечем дышать, и кондиционеры не спасают. Вывод очень простой: решить грамотно вопрос с вентиляцией. Знаю, что она дорогая, особенно если мы говорим о приточно-вытяжной, которую и необходимо ставить. У вас могут стоять дико дорогие тренажеры и беговые дорожки, но клиентов там не будет. Потому что будет жарко. Либо не будет воздуха.

Груша в тренажерном зале

Относительно груши в тренажерном зале. У некоторых читателей этот абзац вызовет улыбку. Но в небольших, по 200300 м², залах часто вешают грушу. Мол, многие клиенты хотят размяться перед тренировкой и побить грушу. Либо в конце ее побить. Зачастую ее вешают в угол, чтобы она никому не дала по голове. В средних и больших клубах обычно есть отдельный зал единоборств, где фанаты и просто желающие лупят груши, представляя своих руководителей или героев.

Я скептически отношусь к груше, но если у ваших клиентов есть потребность и у вас есть удобное место, можете ее повесить. Но будьте осторожны: зачастую товарищи, которые бьют грушу, делают это неправильно и рискуют получить травму, этим и вызван мой скепсис. Я хочу, чтобы вы максимально себя обезопасили и лишили неопытных боксеров возможности покалечить себя.

Но не забудьте указать в правилах клуба, что клиент, который самостоятельно лупит грушу, сам же и несет ответственность за свое здоровье.

Смешная история. Тренируясь в одном из тренажерных залов в спальном районе, я заметил человека, который ходил и махал ногами, как каратист, посреди тренажерного зала. Это длилось недолго : два довольно крупных парня, которые приседали с большими штангами, попросили «каратиста» махать ногами в другом помещении. Он им пытался возразить,

24

но они его просто взяли под руки и вынесли.

Сервис и услуги тренажерного зала

Как я уже говорил ранее, тренажерный зал – очень важный департамент в работе любого фитнес-клуба, поэтому уделять внимание сервису и качеству обслуживания там просто необходимо.

Такие тренажеры, как у вас, купить можно, а вот сервис купить будет очень тяжело. Нужно постоянно говорить с инструкторами об их работе, качестве предоставления услуг, грамотности построения и проведения тренировок.

Говоря об услугах тренажерного зала, не буду отличаться оригинальностью, но они – базовые: проведение ознакомительного инструктажа, фитнес-тестирования, персональная тренировка. Вопрос в одном: как эти услуги будут проведены и насколько сильно клиент будет доволен как процессом, так и результатом.

Инструктаж

Как я говорил ранее, инструктаж – это очень важный инструмент продаж. Я готов повторять хоть в каждой главе о значимости инструктажа.

Это некая ознакомительная тренировка, которая является формальным поводом для инструктора тренажерного зала подойти к клиенту и предложить свои услуги.

Многие собственники фитнес-клубов отказываются оплачивать инструктажи, я с этим не согласен. Да, возможно, в клубах небольшого размера (до 600 м^2) этот вариант возможен. Но в больших фитнес-клубах оплачивать инструктаж просто необходимо.

Как проводится инструктаж

Перед инструктажем обычно проводится первичный осмотр с составлением анкеты клиента, базовые антропометрические замеры. К моему сожалению, в этом вопросе нет базового набора параметров и справки, которая бы позволяла клиенту посещать фитнес-клуб.

Далее желательно либо записать на ознакомительный инструктаж, если все инструкторы заняты, либо предложить свободного инструктора.

Важно. Запомните, дорогие коллеги, возможность сформировать первое впечатление у вас будет только один раз. Второго шанса произвести первое впечатление не будет. Поэтому инструктаж должен быть просто идеальным.

Обычно я рекомендую тренерам задать три базовых вопроса во время знакомства:
1. Есть ли ограничения? Не болезни, а именно ограничения, надо быть вежливым.
2. Есть ли тренировочный опыт?

Многие клиенты говорят — есть, и рассказывают, как в школе бегали кроссы :).
3. Какие пожелания?

Обычно все просят что-то накачать и что-то убрать. После получения ответов на эти вопросы инструктор может провести базовую разминку и потренировать клиента минут тридцать-сорок, в зависимости от уровня подготовки клиента, со средней интенсивностью.

Важно. Инструктор должен за это время показать клиенту высокий уровень своих знаний. Продать себя как специалиста, и стимулировать клиента купить персональные тренировки, даже если он на первый взгляд в них не нуждается.

Важно. В конце инструктажа инструктор должен сказать: я как инструктор рекомендую пройти пять-восемь тренировок для правильной работы на тренажерах и отработки техники выполнения упражнений.

Очень важно. Инструктор должен взять телефон у клиента. И напомнить ему о проводном инструктаже или персональной тренировке.

Что делать, если у вашего инструктора не получилось после инструктажа продать тренировку?

Во-первых, не отчаиваться и продолжать оказывать внимание клиенту. Некоторым клиентам необходимо время для принятия решения. И хочется верить, что в вашем клубе будет хотя бы два инструктажа. Ведь за одну встречу продать клиенту персональную тренировку довольно сложно.

Во-вторых, вы можете дальше аккуратно уделять внимание вашему клиенту.

Знаю, что в некоторых клубах это внимание могут воспринять как левые персональные тренировки, но такова жизнь, и иногда вашему тренеру приходится рисковать.

В-третьих, нужно просто учиться продавать. Ибо у всех инструкторов всегда плохие клиенты: то у них денег нет, то у них нет еще чего-то.

История из жизни

Работая в одном клубе инструктором в тренажерном зале, я вечером увидел знакомого клиента, который купил карту в этот клуб. Я обрадовался, мол, сейчас я его по старой памяти быстренько заарканю. Мы с ним мило общались, но тренировки он так и не покупал. Я остыл, перестал настаивать. Представьте, каково было мое удивление, когда этот клиент купил пакет персональных тренировок у моего коллеги. Я был в шоке. И этот клиент так же мило, приходя на персональные тренировки моего коллеги, здоровался со мной. Спрашивал, как у меня дела. Вывод: не упускайте свой шанс и не повторяйте моих ошибок.

Самые волнующие вопросы в контексте инструктажа – оплата и длительность.

Мои рекомендации. Длительность – приблизительно как полноценная персональная тренировка от 30 до 55 минут. Оплата – от 50% до 70% от стоимости оплаты персональной тренировки. Есть клубы, в которых инструктаж не оплачивается. Правильно это или нет, я судить не буду. Но инструктаж важен для инструктора.

Персональные тренировки

Персональные тренировки в фитнес-клубе являются ключевой статьей в доходной части. Обидно, что не все клиенты понимают преимущество персональных тренировок, и продолжают самостоятельно ломать тренажеры. Иногда в этом виноваты сами тренеры, которые просто не могут объяснить, почему клиент должен покупать тренировки.

Можете проверить своих инструкторов тренажерного зала и спросить, почему я должен купить тренировки именно у них, и чем они лучше, например, коллег по залу? Получите ответ и проанализируйте его.

Говоря о персональной тренировке, важно отметить две компетенции инструктора – умение проводить персональные тренировки, и знание техник продаж и презентации.

Причем если построению тренировок тренер может попробовать научиться с помощью видеороликов, то продавать свои тренировки он так не научится.

Я сторонник обучения, и ваш сотрудник просто обязан посещать семинары для инструкторов тренажерного зала, дающие необходимые знания по проведению персональных тренировок, знания по анатомии, физиологии, биодинамике, методах построения комплексов упражнений в зависимости от потребности клиента, которые разбиты на три-четыре уровня. Его желание смотреть видеоролики похвальны, но этого мало.

Менеджер тренажерного зала должен следить за уровнем знаний инструкторов, а также отвечать за грамотность проведения персональных тренировок.

Оплата

Основная заработная плата инструктора – это персональные тренировки. Если он проводит более ста тренировок, его нужно обязательно снимать с дежурных смен. Некоторые инструкторы отказываются уходить со своих смен, ведь это деньги, которые вы платите просто так, ведь он в это время проводит тренировку.

Важно. Инструктор тренажерного зала должен два раза в год ездить на семинары и конференции.

Как я говорил ранее, у инструктора тренажерного зала должен быть план проведения персональных тренировок, который он должен выполнять. Вы можете его мотивировать следующим образом: если инструктор выполняет план, то получает, к примеру, 60% от тренировки, а если нет – то 40%. Все честно. Работай и получай больше, работаешь плохо – получаешь меньше. Важно грамотно формировать план тренировок на месяц.

Секрет материальной мотивации

Вы можете платить инструктору его процент за персональные тренировки, и если он выполняет план, вы его не сразу премируете, а эту сумму премии кладете ему на карточку, которую для него завели. Депозитная кредитная карта, которой он сможет воспользоваться в конце года, а если он уволится в течении года, то карточку вы ему не выдаете. Это стимулирует человека работать более ответственно, плюс он в конце года получается некий бонус. Ведь они всегда требуют премий в конце года. А еще он будет получать проценты, которые будут ему «капать» на карточку.

Знаю, что такой метод вызовет много вопросов, например, насколько это законно, но позволю себе не комментировать законность таких действий.

Сплит-тренировки и тренировки в малых группах

Странная тема в контексте менеджмента, но я ее должен раскрыть. Обычно эта услуга пользуется странным спросом. Но вызывает много вопросов.

Итак, *сплит-тренировка* – это персональное занятие с двумя и более клиентами. Возникает резонный вопрос, как тренер может уделить внимание сразу двум клиентам. У меня, как у тренера, это не вызывало больших сомнений, при условии, что площадь тренажерного зала не более 400 м^2, в противном случае будет очень сложно, если клиенты имеют разные цели.

Зачастую сплит-тренировки покупают подруги или семейные пары, реже – друзья или начальники с подчерненными.

Двойная тренировка обычно на 30% дешевле, чем две одинарные персональные тренировки. Ценообразование может быть разным.

Проблема в том, что иногда клиент из сплит-пары не приходит.

Часть клубов выбивает (оформляет) полную сплит-тренировку, мол, это ваши проблемы, почему не пришла ваша нерадивая вторая сплит-половинка. Часть клубов выбивает половину сплит-тренировки, мол, тренер же работал с одним человеком. В общем, короче, это страшный «гемор».

Напишите мне, как часто в вашем клубе продаются

сплит-тренировки, и, возможно, я изменю свое мнение в этом вопросе.

Есть клубы, которые не заморачиваются, и просто не вводят эту услугу. Тоже вариант. Хотя я бы все-таки такую услугу ввел просто «для красоты».

Тренировки в малых группах. Тоже очень спорная услуга. Да, вам как менеджеру или вам как инструктору хочется зарабатывать деньги и приносить прибыль клубу. И что делать, если клиенты не готовы платить за персональные тренировки? Давайте мы им сделаем лояльную услугу тренировки в малых группах. Из моего опыта, тренировки в малых группах проводят инструкторы-универсалы, которые могут сделать некий микс тренировочного процесса, типа тридцать минут — тренажерный зал, затем тридцать минут малой группой работа в зале групповых программ. Перед тем, как вводить подобную услугу, просчитайте, насколько она вам будет выгодна. Ведь если у вас в клубе большие студии и там будут тренировать три-четыре человека, будет ли это эффективно?

Важно. Перед тем, как внедрять смешанную тренировку, удостоверьтесь в уровне знаний и квалификации тренера. А то у нас могут все и знают все, а как к делу – то страшно сказать.

Требования к тренеру тренажерного зала

Один из самых спорных вопросов работы фитнес-клуба. Каким должен быть тренер тренажерного зала? Должно ли у него быть высшее образование?

К моему большому сожалению, в Украине отменили лицензирование фитнес-услуг, и теперь очень сложно дать однозначный ответ на вопрос об образовании с точки зрения закона. Уверен, эту книгу будут читать во всех странах СНГ. В каждой стране этот вопрос решают по-своему. Постараюсь поделиться своим опытом в решении вопроса с тренерами.

Начну с себя: я много лет тренировал, не имея профильного образования. И я так его и не получил. Плохо ли это? Наверное, да. Ведь профильное образование в Институте физического воспитания и спорта дает неплохие базовые знания. Достаточно ли этих знаний для работы в современном фитнес-клубе? Увы – нет. Есть ли альтернатива высшему образованию? Нет. Есть обучающие центры, которые довольно грамотно готовят инструкторов и персональных тренеров. Им за это отдельное спасибо.

Хотят ли инструкторы учиться? Нет. Учатся только грамотные ребята, остальные ленятся это делать.

Часть фитнес-клубов абсолютно не заморачивается и берет к себе на работу накачанных ребят, которые могут продать шариковую ручку на собеседовании. И это – хороший пример, другие берут ребят, которые способны работать. Неважно, что они до этого были футболистами.

Другие фитнес-клубы берут только с профильным высшим образованием, придерживаясь правил. Но бывают ребята с высшим образованием, которые не могут двух слов связать. Это тоже неправильно, и ты не знаешь, что хуже – без знаний, но продающий, или со знаниями и неразговорчивый. Результат его работы – все же количество проданных тренировок и степень удовлетворенности клиентов. Каждый из них по-своему прав.

Открывая фитнес-клубы, я иногда самостоятельно пытался научить ребят тренировать клиентов. У меня просто не было другого выхода. Формировал программу обучения, отталкиваясь от программ обучающих центров и собственного опыта.

Соглашусь с утверждением, что знания приходят с опытом.

Если говорить конкретно о требованиях к тренерам, то

основным требованием была коммуникабельность и желание обучаться.

Я одинаково позитивно отношусь к молодым людям и девушкам-тренерам. Из моего опыта, желательно иметь в штате хоть одного тренера-девушку. Есть клиентки, которые хотят тренироваться только с девушкой. Ну вот такие они загадочные. Правда, есть мужчины которые тоже хотят тренироваться у девушек. Каждому – свое.

Возраст имеет значение. Иногда более старшие инструкторы начинают вести себя неподобающе, мол, он тут умный и самый старший. Я всегда в таких случаях дерзко шучу, что если человек дурак, то с возрастом он становится старым дураком.

Сложности могут возникать с действующими спортсменами, ведь их сборы и соревнования могут мешать работать на сменах и ломать график персональных тренировок их клиентов. Но одного большого парня можете взять, он будет привлекать своими большими руками клиентов, которые любят поглазеть.

Если у вас есть грамотный менеджер тренажерного зала, способный обучить своих подчиненных, проще набрать молодых ребят без опыта и попробовать выковать себе кадры собственными руками. Или вы чувствуете в себе силы потратить время на обучение молодых инструкторов, так будет проще. Рекомендую набирать десять-двенадцать человек, если вам требуется три-четыре инструктора.

Что касается требований к работе, обычно я призываю быть пунктуальным и не нарушать вопросы, связанные с внешним видом, а также запрещаю тренироваться на своей смене. Даже если зал пустой. В любой момент может зайти клиент, и его встретит потный инструктор, который вылезает из-под штанги. Это некрасиво.

Еще я ввожу правило: если инструктор опаздывает на персональную тренировку к клиенту, он ее оплачивает. Клиенты обычно очень рады такому повороту событий. А вот тренеры... Ну просто им не следует опаздывать, чтобы потом не обижаться.

Важно. Надеюсь, мои рекомендации и рассуждения будут восприняты как советы, а если они идут вразрез с вашими правилами работы – просто помните, что нет единого рецепта успеха и счастья :).

И я буду очень рад, если вы поделитесь своими рецептами успешной работы тренажерного зала, обязательно упомяну эти рецепты в переиздании этой книги.

Оптимальное количество тренерского состава

Этот вопрос часто задают на различных форумах по фитнесу. Сколько должно работать сотрудников в каждом департаменте, есть ли связь между площадью тренажерного зала, бассейна, студии групповых программ и количеством тренерского состава.

Из моего многолетнего опыта я такой зависимости не определил. Знаю ребят, которые путем математических формул пытаются определить, сколько правильно, а сколько – нет.

На мой взгляд, все зависит от уровня клуба. Зависимость от площади есть, но не привязка к ней. Очень немаловажен вопрос качества этой площади. Есть клубы, расположенные на трех-четырех этажах, а есть клубы, которые при той же или большей площади размещаются на одном этаже.

Нужно учитывать, что в премиум-сегменте и среднем сегменте – абсолютно разный подход к предоставлению фитнес-услуги. Нормы площади есть у уборщиц, да и то они скорее приблизительны – 200-300 м^2 на человека. Но, скажите мне, кто их соблюдает?

У нас, как всегда, есть крайности – либо тренеров очень мало, либо их очень много.

Если мы говорим о тренажерном зале или бассейне, важным вопросом работы тренера или инструктора является внимание, которое он должен уделять клиенту.

Еще раз повторю: мы работаем в сфере предоставления услуг, и фитнес – это бизнес, но экономить на ключевом вопросе – сервисе – я бы не стал.

Инструктор должен иметь возможность видеть все пространство, на котором он работает и отвечает за технику безопасности. Если у вас тренажерный зал расположен на двух этажах, как вы думаете, тренеру будет легко следить за клиентами? Знаю примеры, когда в таких залах работает один инструктор, сидящий внизу и не сильно переживающий о том, что там происходит с клиентами на втором этаже.

> **Страшная история.** В одном киевском фитнес-клубе произошел страшный случай. Клиентка пришла в фитнес-клуб первый раз. Неопытный инструктор поставил ее на беговую дорожку, а сам пошел кушать рис и яйца. Клиентка потеряла сознание на дорожке, а ее волосы попали в полотно, ей практически сорвало скальп. Поэтому помните, что беговые дорожки в фитнес-клубе могут быть опасны для жизни, если их безграмотно использовать.

Такая же история с бассейном. Если у вас два бассейна, то на бортике каждого должен находиться дежурный инструктор. Ведь если его не будет, это может стоить человеку жизни, и такие страшные примеры я в своей жизни встречал. Инструктора не было на бортике, а клиенту стало плохо. И клиент утонул.

У инструкторов групповых программ все гораздо проще, но есть свои тонкости. Инструкторы групповых программ работают в нескольких клубах, ведь часто эти ребята хорошо знают одно или два направления. И даже самый большой клуб не способен загрузить их классами на весь день, хотя активно пытаются. Поэтому они либо идут изучать другие направления, чтобы проводить больше классов в одном клубе, либо ходят по другим клубам. Знаю клубы, в которых сотрудникам запрещают работать в других клубах, но они все равно работают, втихаря. (Я никому не скажу, в каких клубах они подрабатывают.)

Касательно инструкторов групповых программ есть одна проблема – что делать, если они заболеют? А обычно они могут проболеть пару дней. Фитнес-персонал обычно болеет так, что с кровати встать не может, насморк и простуду обычно они переносят на ногах. Грамотный менеджер групповых программ придумает им замену, либо сам выйдет вместо приболевшего подчиненного. Но клиенты могут остаться недовольны. Поэтому я рекомендую менеджерам групповых программ иметь запас инструкторов, которых они могут вызвать на замену, в том числе и для групповых занятий в аква-направлении.

Обычно ребятам невыгодно приезжать в клуб на один класс, поэтому это учитывается при составлении расписания. Но первостепенными в этом вопросе все же являются пожелания клиентов и логичность размещения классов. А некий кадровый резерв может спасти менеджера от провала и подстраховать его. Поэтому администраторы вашего клуба не должны говорить, что в вашем клубе нет вакансий. И всегда выдавать внутреннюю анкету и получать контакты потенциальных инструкторов.

В вопросе оптимального количества тренерского состава в тренажерном зале и бассейне важным моментом является формат работы этих инструкторов. Имеется в виду, может ли инструктор проводить персональные тренировки на дежурной смене? Ответ на этот вопрос позволит определиться с оптимальным количеством персонала.

Обычно, если клуб небольшого размера с тренажерным залом площадью до 300 м^2, в зале находится один дежурный инструктор. При площади более 300 м^2 в часы загрузок может находиться два и более дежурных инструкторов.

Очень важен вопрос проведения инструктажа и его оплаты.

Варианты оплаты труда.

1. *Ставка.* Есть вариант, когда тренеру просто платят ставку, и он дежурит определенное количество часов бесплатно. Они ему не оплачиваются.

2. *Ставка плюс дежурные часы.* Оплачивается ставка и дежурные часы. Хотя иногда суммарно это равно той же ставке, что и в первом варианте.

3. *Просто дежурные часы.* Они бывают неоплачиваемыми или платными.

Кроме инструктажа, очень важен и вопрос персональных тренировок.

В премиум-сегменте большое значение имеет внимание к клиенту. Поэтому вариант проведения тренировок на смене, когда дежурный тренер в тренажерном или бассейне один, я не рекомендую. Ведь в это время может прийти клиент, и ему необходимо будет уделить внимание. А в премиум-сегменте клиенты обычно весьма требовательны.

В фитнес-клубах среднего сегмента с большими площадями тренажерных залов возможен вариант мелких смен по два-три часа, и это предполагает наличие минимум пятнадцати-двадцати инструкторов, которые могут дежурить по два-три часа два-три раза в неделю. При этом им запрещено проводить в этом время персональные тренировки и, более того, они за эти часы не получают деньги. Преимущество дежурного тренера над простым – в том, что ему записывают инструктажи.

Дорогие менеджеры и фитнес-директора! Меня, честно говоря, удивляет ситуация с дежурными часами и их оплатой. Ведь все инструкторы должны продавать персональные тренировки и спортивные добавки. Мне неприятно неоднократно объяснять ребятам, что их ставка – это лишь деньги, чтобы добраться из дома в клуб, где они должны продавать свои услуги, а не сидеть на голой ставке.

Удивляет мягкотелость менеджеров, которые платят ставку тренеру, проводящему 180 тренировок в месяц, фактические получая двойную оплату, при этом не имея возможности уделять внимание новым клиентам.

> **Важно.** Голые ставки бывают в фитнес-клубах при гостиницах. Не более. Когда клиент может туда прийти побегать по дорожке или сделать пресс и поплавать в бассейне. Обычно это немаленькие ставки в пределах 300–400 у.е. И график у таких инструкторов – два дня через два, с 9:00 до 22:00 в зале.

Не стоит вестись на уговоры инструкторов, что ставка – это очень важный элемент заработной платы. Ставка должна составлять 1/8-1/10 часть зарплаты инструктора любого направления.

Если инструктор пришел к вам просиживать свою ставку, это не принесет клубу прибыль. Инструктор – это продавец персональных тренировок. Для меня также странно, когда инструктор за три месяца не может провести пятьдесят персональных тренировок и его увольняют. Зачем они приходят на работу? Бороться за свою ставку? Бесплатно тренироваться и готовиться к соревнованиям?

Задача грамотного менеджера подразделения и менеджера клуба объяснить, зачем пришел на работу сотрудник фитнес-клуба. Возможно, нужно будет его грамотно мотивировать. Ведь рубить с плеча могут все. Типа не подошел нам этот инструктор. А, может, стоить с ним поработать?

Резюмирую этот блок: в вопросе о необходимом количестве инструкторов стоит помнить, какую цель перед собой ставит фитнес-клуб, в каком сегменте он работает, какова его площадь и стандарты работы. В фитнес-бизнесе не так важно количество тренеров, важнее качество и результат работы. Поэтому не заморачивайте себя подсчетами и формулами, но в то же время всегда имейте кадровый запас. Это важно.

Организация работы департамента групповых программ

Концепция клуба и задачи департамента

Скажу откровенно, я до последнего не начинал писать раздел о групповых программах. Слишком откровенное начало раздела о самом загадочном департаменте фитнес-клуба, не так ли? В чем загадочность, спросите вы?

Казалось бы, все просто: берете зал метров 60-70, туда разных гантелей и ковриков, девочек с дисками и флешками. Увы, не так все просто. Как инструктор тренажерного зала, я всегда скептически относился к групповым программам, наблюдая, как инструкторы лукавят и рассказывают своим клиентам, что свои красивые попы они натренировали на групповых занятиях, а сами тайком тренируются в тренажерном зале. Не хочу показаться старым советским атлетом, который любит базу, а все остальное от лукавого, но общество формировало такое мнение, и я не стал исключением. Но в процессе работы в больших фитнес-клубах я стал менять свои взгляды. Ведь не все клиенты любят тренироваться однообразно, используя полустатические упражнения. Есть барышни, которые любят коллективы, и им вместе веселее «побороть» съеденную шоколадку. Да и не так стыдно, если что-то не так сделает.

41

Открывая фитнес-клубы, я всегда учитываю создание групповых программ, скажу более, в одном элитном спа-салоне я тоже предложил использовать небольшой зал для полу-индивидуальных занятий по направлению групповых программ.

Если вы планируете создавать фитнес-клуб, важно понимать его концепцию, направленность и площади. Очень часто у меня не было возможности особенно выбирать. Построили вот такое помещение, и все.

Неважно, о каком классе фитнес-клуба говорим, будь то премиум-сегмент или эконом-формат, но везде должны быть групповые программы. Другой вопрос – размер группы и виды групповых программ.

Групповые программы очень часто позволяют расширить сегмент клиентской базы фитнес-клуба. Снова работает устойчивый стереотип, что девушки в тренажерном зале могут только стать страшными и уродливыми культуристками. А вот шейпинг (балдею от этого слова) – это совсем другое дело. Мне приятно, что этот больной миф уже практически развеян, и в тренажерном зале уже никто не «накачивается», и есть очень красивые дамы, которые «сделали себя» в тренажерке.

Но групповые программы должны быть – и точка.

Услуги подразделения

Тут я предлагаю абсолютно базовый набор: групповые программы силового, аэробного и направления «разумное тело» (йога, пилатес). Детские фитнес и гимнастика, хотя в последнее время любую детскую зарядку называют фитнесом :).

Танцевальные направления. Но при условии, что у вас будет добротное покрытие, которое позволит на нем танцевать. По моему опыту, пока что танцы не сильно «идут». Пускай не обижаются. Просто, я сам не умею танцевать, и поэтому в моих клубах это «не идет» :).

Важно. Если ваш фитнес-клуб находится в спальном массиве, введите направление для пенсионеров или граждан старше 55 лет. Им тоже нужно тренироваться. А тут – бац, специально для них, да за доступные деньги! Помните, пенсионеры свои деньги получают вовремя, хоть и не большие.

Если возможности ваших залов это позволяют, можете поставить два-три пилона для занятий спортивным стриптизом. То же касается скайкла, который «идет», но от харизмы инструктора зависит 95% успеха именно этого класса. В принципе, как и в любом другом направлении.

Не вздумайте делать однопрофильные залы, в надежде, что они будут заполнены. Да, для премиум-сегмента допустимо иметь зал с петлями TRX, но что позволено одному, не всегда дозволено и полезно другому.

Оптимальное количество студий

Очередной спорный и пикантный вопрос. Если у вас действующий фитнес-клуб или собственное помещение определенной площади, то, боюсь, будет, как в песне: я его слепила из того, что было, а потом, что было, то и полюбила. Если же у вас есть возможность самостоятельно строить студии для групповых программ, я бы рекомендовал следующую схему работы.

Если размер фитнес-клуба – до 500 м^2, устройте одну студию площадью 60-80 квадратных метров. Если же площадь клуба больше, лучше создавать две студии.

Важно. Когда вы будете создавать раздевалку, учтите количество тренирующихся одновременно. В студию площадью 60 м^2 становится двенадцать человек. И если студий – две, то одновременно будет заниматься двадцать четыре человека девушки. А потом они все пойдут в душ. Если не все, то половина.

43

Следовательно, должно быть минимум три-четыре душевых кабины.

Ключевой ошибкой в этом вопросе является непонимание сценария поведения клиента в клубе. Ведь они на класс попадают не из космоса, а из раздевалки, и способны ли ваши раздевалки обслуживать такое количество клиентов одновременно? Как администраторы?

В фитнес-клубах более 1000-1500 м² студий групповых программ может быть больше. К студиям групповых программ можно добавить студии по TRX, но при этом не забывайте об уровне вашего клуба. Чем клуб дороже, тем студии групповых программ могут быть меньше. И наоборот, в эконом-сегменте студии могут достигать 200-300 м², а классы напоминают мега-занятия.

Если в процессе создания концепции фитнес-клуба у вас будут возникать дилеммы, пишите мне и высылайте планы, постараюсь подсказать.

Помните, что в больших помещениях, как правило, есть колонны с шагом в 6 м. Да, вы можете оббить их зеркалами или матами, но клиентам от этого комфортнее не станет.

Оборудование для групповых программ

По моему опыту, лучше использовать качественное оборудование для групповых занятий. Китайские аналоги быстро стираются и изнашиваются. Если вы берете коврики, покупайте их у проверенных компаний, ведь под видом брендовой вещи имеете риск получить дешевый Китай, который треснет через два-три месяца.

Если вы только вводите классы, такие как TRX и сайкл, то сначала возьмите оборудование для половины группы. Даже если поставщики будут петь песни о том, что лучше взять пятнадцать велосипедов сейчас, чем шесть, а затем еще девять. Это неправда. А что будет, если класс «не пойдет»? Оборудование, как и автомобиль, теряет 20%

своей стоимости после выезда из салона.

Не жалейте денег на гантельки и бодибары, клиенты это ценят. А то, бывает, слушаешь клиентов, которые пришли в новый фитнес-клуб, потому что в старом коврики и гантели – советские. Но, надеюсь, вы понимаете, что новые гантельки будут цениться только при условии наличия хорошего тренера.

Знаю собственников, которые купили дорогое оборудование, вложили большие деньги в ремонт, но не обучали инструкторов. В итоге, большие дорогие залы пустуют.

> **Важно**. Двенадцать лет назад я работал в одном простом зале, там вместо гантелей были бутылки с песком. Простые бутылки с песком! Но там работал супер-инструктор, который просто заводил аудиторию с пол-оборота, и у него были группы по двадцать-двадцать пять человек. Жаль, тогда не было смартфонов, чтобы это запечатлеть.

Оплата труда инструкторов групповых программ

Если вы не были инструктором групповых программ, то для вас, как менеджера, это очень непростой вопрос. Форма оплаты зависит от формата клуба.

Если в клубе есть месячные карты, и, кроме того, отдельные карты на разные виды групповых программ (например, степ, аэробика), то здесь все просто: 40-50% средств от проданных абонементов вы отдаете инструктору. Но при этом заработную плату вы ему платите не простым методом.

Предположим, что абонемент стоит 100 у.е. (ну, пофантазируем). Казалось бы, все просто: нужно просто отдать 50 у.е. инструктору и все.

Но есть одно «но»: сколько занятий его клиент посетил в этом месяце. Допустим, это пять занятий, а в абонементе их – двенадцать.

Это прозвучит странно, но почему вы должны платить тренеру за все занятия сразу? А вдруг клиент не придет на эти классы? Тогда все деньги останутся в клубе, ведь клуб занимается и рекламой, и продвижением (если, конечно, занимается).

Поэтому вам следует делить стоимость абонемента на количество визитов. И в конце месяца посчитать количество визитов клиента на занятия и умножить на этот показатель (абонемент разделить на количество посещений).

Приведу пример цифрах, чтобы вы не запуталась.
Абонемент стоит 100 у.е. – на 10 занятий.
Клиент за май посетил всего 4 занятия.
Что мы платим тренеру?
100 у.е. умножаем на 50%. Получатся 50 у.е. И делим их на 10. Получается, что один визит клиента – это 5 у.е. А если их было 4, то тренер, соответственно, получает 20 у.е.
Существуют такие виды оплаты.

Стандартная оплата, от количества человек

Когда никто не приходит, это – 30% от стоимости класса. Когда 1-6 клиентов, это – 70% от стоимости класса, и когда более 6 человек – стоимость полного класса.

Проценты и количество могут меняться в зависимости уровня клуба и площади помещения.

1. **Фиксированная ставка.** Например, 10 у.е. И все. Обычно это схема оплаты в премиум-клубах.
2. Бывает, когда **инструктору платят за каждого клиента.** К примеру, ставка одного человека – 2 у.е. И все.

Посчитали людей, умножили на эту ставку, заплатили инструктору.

Уверен, что у вас есть своя система оплаты за классы. Важно, чтобы как клиенты, так и ваши инструкторы были довольны и мотивированы.

Обучение и развитие

Для инструкторов групповых программ регулярно проходит много разнообразных конференций и семинаров. Много информации и музыки можно найти в интернете. Затрагивать тему «нужно или не нужно учиться», я не хочу. Те, кто не хотят учиться, преподают шейпинг. Те, кто хотят учиться, регулярно посещают семинары, а затем обклеивают коридоры в студии групповых программ своими сертификатами. Подтверждая свои сертификаты своими знаниями.

Я – сторонник разных развивающих мероприятий в клубе. И иногда проще пригласить лектора или инструктора в ваш фитнес-клуб: это будет дешевле, чем всех отправить на конференцию. Делайте это регулярно, и ваши клиенты отблагодарят вас продленными клубными картами и рекомендациями.

Организация и проведение оценки инструкторского состава

Часть менеджеров в фитнес-клубах не «заморачиваются», и не делает никакой оценки инструкторов. Они просто смотрят, сколько людей ходит на класс к каждому инструктору, и довольны ли клиенты. И все. Я считаю это не совсем верным инструментом работы менеджера. Вы должны знать уровень знаний и навыков ваших инструкторов, а не полагаться только на его рейтинг (о нем чуть ниже).

Рекомендую оценку проводить не реже одного раза в полгода. Причем для этой услуги вы можете привлекать внешних экспертов, которые беспристрастно смогут определить уровень знаний.

которые подходят на эту должность по уровню компетенции и навыков, но не забывая и о внешнем виде. Так вот, я взял на работу красивую девушку ростом под 180. Она справлялась с работой, несмотря на свой молодой возраст. После рабочей смены ее подкарауливали клиенты, чтобы подвезти домой. Но она им отказывала. Хотя жила довольно далеко от клуба.

Единственный вопрос, который мешает работать молодым людям, – это оплата. И если девушкам денег вполне может хватать, то молодому человеку этого может быть мало. Поэтому часто на этих позициях работают студенты. Ничего против не имею. Ведь сам был студентом – и работал, бегал сессии сдавал. Рекомендую брать 50 на 50 студентов и более старших сотрудников. А то они все дружно могут на сессию свалить – и все :), а так хоть будет кому подменить.

Важно. Перед тем, как администратор собирается в отпуск, он или она пишет заявление на отпуск, и составляет график подмен, который подписывают все остальные администраторы. Бывало, что мне приносили такие заявления, но пустые. И на мой вопрос: а тебя кто-то подменит? – мне всегда говорили – да. Но как доходило до дела, то есть до подмены, сменщики забывали, а иногда вообще говорили, что никто никому ничего не обещал. А когда есть подпись, – все помнят. Это такой дружеский совет :). Вы можете это правило применять ко все сотрудникам, которых нужно заменять во время их отпуска.

Спорный пример
На одном мероприятии некий собственник салона красоты сказал, что у него сотрудники оставляют

Обычно вы не предупреждаете инструкторов о том, что будет проводиться оценка. Просто собираете их всех в один день. Ведь для демонстрации своих навыков им необходима группа, а сами они не любят танцевать или связки показывать. Да и вам необходимо обратить внимание на то, как инструктор работает с группой.

Я не являюсь аэробом, поэтому оценку всегда проводил с помощью коллег по цеху.

Составление расписания

Это, пожалуй, самая веселая часть работы подразделения групповых программ, особенно если вы в этом ничего не понимаете. Читающий эту книгу тренер или менеджер групповых программ обязательно сейчас улыбнется. Все инструкторы готовы продать душу за ходовое время утром или вечером. Но в каждом городе это время может быть разным. В некоторых городах это может быть 17:00, у других 18:00, или 19:00.

Есть одно правило, которое я использую при составлении расписания: потребность рынка в этом классе. Бывает, что базовый степ не востребован, а все хотят каланетику. Поверьте, я знаю такие примеры.

Я стараюсь разбавлять быстрые классы медленными. Либо делать «шахматное» расписание, чтобы клиенты могли выбирать. То есть, в 18:00 – степ в зале № 1, а в это же время в зале № 2 – более спокойное занятие. Единственное, на что нужно обратить внимание, это звукоизоляция. Это очень важно, потому что зачастую два зала размещают рядом, а это неправильно. Ведь любители расслабиться после тяжелого рабочего дня вынуждены слушать «тыц-тыц» из соседнего зала.

Веселее всего будет днем, когда классы будут пусты. И в выходные дни вечером. А это – действительно испытание для менеджеров групповых программ.

При составлении расписания есть один щекотливый

вопрос: указывать ли имена инструкторов в расписании? Ведь если разобраться, то клуб сам, как говорится, возводит культ личности и привязывает инструктора к его группе. Если инструктор потом собирается уходить, то группа может пойти за ним.

Важно. Составляя и оформляя расписание, старайтесь делать его наглядным, удобочитаемым. Ведь иногда клиенты просто не могут понять вашу «таблицу умножения».

В приложениях в конце книги я покажу свои расписания. Уверен, это будет хороший пример. Еще раз повторюсь: для меня основной оценкой деятельности работы групповых программ является забитый зал, причем забитый довольными клиентами, которые продлевают абонементы.

Иногда клиенты сами жалуются на расписание, мол, вот эти классы не совсем хорошо расположены. Либо слишком поздно, либо слишком рано.

Я обычно рекомендую пересматривать расписание раз в квартал, или раз в полгода, при условии, что ваши инструкторы добавляют новые классы или направления после обучения или конференции. Важно, чтобы ваши инструкторы повышали свою квалификацию. Клиенты это ждут. Обычно они сами на рецепции говорят, просматривая расписание групповых программ: «Нам бы чего-то новенького»! Благо, индустрия постоянно подбрасывает на рынок фитнеса новые и «чумовые» новинки.

Критерии эффективности работы подразделения

Говоря о критериях эффективности работы групповых программ, следует прежде всего знать, какова концепция работы именно данного подразделения. Если у вас в клубе есть годовая карта, и групповые занятия входят в ее стоимость – это один подход к оценке работы департамента. Если у вас месячная карта на групповые занятия с определенным количество тренировок на одно направление, то это – второй вариант. И если у вас есть абонемент на групповые программы с определенным количеством занятий, но на все направления (неважно, степ или пилатес), это уже третий вариант.

Специфический критерий оценки работы групповиков – количество людей на занятии. Ведь, если человеку нравится, значит все хорошо.

Это не повод брать на работу веселых аниматоров, важно, чтобы построение группового занятия проходило по всем правилам, а не просто «два притопа, два прискока».

Работа групповых занятий при условии покупки годовой карты с включенными в ее стоимость занятиями несколько специфична. Во-первых, клиент уже заплатил все деньги за год вперед, во-вторых, как это ни странно прозвучит, клубу невыгодно платить инструкторам. Парадокс, но сами подумайте: клиент купил карту, ходил раз в неделю. Клуб заинтересован, чтобы клиент заплатил и не ходил. Да, в конце срока действия карты это может вызвать дополнительные возражения со стороны клиента, мол, зачем мне продлевать абонемент, если я и так весь год не ходил. Но как в этом случае уговаривать клиента – чистое мастерство отдела продаж.

Важно помнить, что у каждого клуба есть своя целевая аудитория и специфика работы. Работая в премиум-сегменте, я нередко наблюдал «групповые» занятия с двумя клиентами. Можно сказать, что это плохо работает тренер? Нет. Ведь на таких занятиях априори не будет двадцать человек.

А если такое произойдет в клубе среднего и эконом-класса? Это вызовет панику и негодование собственника. Мол, где клиенты?!

Поэтому я предлагаю вам создавать свои внутренние критерии эффектности непосредственно ваших инструкторов. Причем, если ребята работают не только у вас, у них будут разные шкалы оценки деятельности.

Я обычно выделял следующие:

- Опоздания. Инструкторы не должны опаздывать.

- Замены. «Ой, я заболела» за полчаса до класса, все бывает. Но такого должно быть меньше.

- Жалобы. Пришел клиент, в расписании написано «пилатес», тренер дает некий микс разминки и непонятно чего. Клиент выходит и жалуется: «Я был на пилатесе в таком-то клубе, а здесь у вас – не пилатес».

- Соответствие наполнения класса заявленному в расписании. Некоторые инструкторы любят называть свои авторские классы очень оригинально. Но иногда эти миксы просто не совместимы, либо связки, которые дает инструктор, невыполнимы. Необходимо объяснять своим аэробам такие нюансы.

Рейтинг уроков

Тут все просто: количество клиентов, посещающих класс. Но необходимо учитывать специфику и популярность классов в вашем клубе.

Вы делаете общий отчет, суммируя отчеты инструкторов, которые они вам подают в конце недели. И смотрите, сколько всего было клиентов на классах того или иного инструктора. Можете выводить средний показатель, разделив количество клиентов на классы, определив, сколько в среднем приходится клиентов на класс. И отследить динамику. Ведь иногда инструктору может просто повезти, потому что у него «ходовое» время.

Важно. На мой взгляд, если хотите увеличить посещаемость групповых программ и поднять персональные тренировки, вы можете ввести инструктаж по групповым занятиям. Правда, оплачивать его, к сожалению, придется в половину стоимости класса. Можете обсудить этот вариант со своими инструкторами.

Жалеть, но иметь рейтинги и доску почета: это наш самый мощный аэроб и им гордится клуб. Поверьте, это работает даже для самых «звездных» ребят.

А по результатам месяца можно премировать самого посещаемого инструктора. Это может быть небольшая премия, но ее наличие весьма желательно.

Отчетность. Дорогой читатель, я готов выслать всю отчетность по почте. Мне кажется, это чисто механическая информация.

Кроме того, я уже говорил, что я сторонник автоматизированной работы фитнес-клуба.

Формы отчетов могут быть следующими. Инструктор подает менеджеру или старшему инструктору раз в неделю отчет о количестве проведенных классов и количестве людей на групповых программах. Если есть, то и отчет по персональным тренировкам. В конце месяца – отчет за месяц. Менеджер обычно сравнивает эти данные с программой и начисляет заработную плату.

Формы бланков я отправлю вам в электронном виде, ведь из книги вам будет неудобно их использовать. (Не будете же вы их вырезать, а набирать вручную или сканировать – это неправильно.)

Организация работы рецепции

Администратор фитнес-клуба

Администратор фитнес-клуба – это ключевое звено работы фитнес-бизнеса. Я это постоянно говорю на своих семинарах и форумах, а теперь и напишу: администратор – это сотрудник, который встречает и провожает клиента.

От качества работы администратора будет зависеть результат работы всего клуба и эффект первого впечатления для клиента.

Ключевой ошибкой всех менеджеров является следующее утверждение: администратором может быть кто угодно. Любая красивая девочка может быть администратором. Это ведь несложно. Действительно, несложно отсидеть смену в тринадцать-четырнадцать часов, продавать абонементы, параллельно выдавать ключики и иногда делать коктейли и улыбаться.

Уверен, что книгу читают администраторы, и улыбаются, просматривая эти строки.

Я призываю всех менеджеров грамотно подходить к подбору администраторов в фитнес-клуб.

Проще научить заново, чем переучивать.

Также распространенная ошибка – брать администратора с опытом работы. Администратор другого фитнес-клуба привнесет в работу вашего предприятия правила бывшего клуба и его ошибки. Поэтому не спешите брать опытного администратора.

Администраторов необходимо обучать, постоянно. А вот с этим существует большая проблема. Ведь эта позиция в некоторых фитнес-клубах нестабильна, из-за неправильного управления клубом сотрудники часто уходят. А собственники не желают вкладывать деньги в обучение, аргументируя тем, что, мол, и так эта девочка скоро уйдет. Либо она молодая, и скоро выскочит за муж, а мы тут ее будем обучать. Просто замкнутый круг, который необходимо разрывать: назначить день и начать обучать своих девочек или мальчиков.

Уверен, что чуть позже я напишу книгу о работе администратора фитнес-центра, ведь долгое время провожу семинары и обучаю этих специалистов. Сейчас хочу обратить ваше внимание на основные моменты работы администратора фитнес-центра:

1. Работа с входящими и исходящими звонками

Первое впечатление о вашем клубе складывается при первом звонке. Когда ваш администратор берет трубку и красивым голосом произносит корпоративное приветствие. Оно просто должно быть. И тут нет ничего сложного:

«Добрый день (утро, вечер), название фитнес-клуба, должность и имя».

Вы можете предложить свой вариант.

2. Работа с потенциальными клиентами

Если в вашем фитнес-клубе нет отдела продаж, о котором я буду писать в следующей главе, ваш администратор выполняет сразу двойную функцию. Очень важно, как именно встречает клиента администратор, ведь в этот момент происходит первый контакт и возможность произвести первое впечатление. От него зависит, будет ли клиент смотреть весь клуб и описание клубных карт, которое именуют прайс-листом.

54

Вежливость, внимательность и сервис – три ключевые составляющие при первом визите клиента. И, да, нельзя забывать об улыбке.

3. Работа с постоянными клиентами

Очень часто замечаю, что администраторы грамотно работают на первых встречах, и по телефону хорошо консультируют клиентов. Но как только клиент покупает клубную карту, проходит и любовь, и забота. Мол, клубную карту уже купил, можно на него не обращать внимания. Он уже и так наш. А это – большая ошибка. Я вам скажу, что это хуже, чем если бы вы с самого начала не уделяли внимания клиенту. Ведь он сразу видит разницу в обслуживании, и может покинуть ваш клуб.

Важно. Недовольный клиент скажет об этом 12-17 своим друзьям, ведь негативные эмоции дольше остаются в памяти.

Поэтому очень важно постоянно уделять внимание клиентам, так же, как и на первой встрече, при покупке клубной карты. Заботиться об их потребностях. Внимательно выслушивать их пожелания, и вежливо с ними общаться.

Помните: именно клиенты платят заработную плату вашим сотрудникам! Администратор фитнес-клуба должен улыбаться клиенту.

Важно. Обратите внимание на то, какие ключи от шкафчиков выдает администратор клиентам. Часто замечаю большую проблему: ключи выдают подряд. Зашел клиент, ему с улыбкой выдали 17-й номер, обменяв ключик на карточку, следующему клиенту выдали 18-й номер. И самое смешное, когда два мужика оказываются рядом в абсолютно пустой раздевалке. Поэтому рекомендую выдавать ключики через два-три номера. Поверьте, клиенты будут этому рады. Ведь не очень приятно переодеваться и тереться попой об дядьку. Об тетку еще куда ни шло. Хотя, на вкус и цвет товарища нет.

Именно администраторы чаще всего сталкиваются с недовольными клиентами, которые могут жаловаться на работу клуба, отсутствие горячей воды или плохую вентиляцию в зале.

Важно, чтобы администратор грамотно реагировал на жалобы клиентов, не вступал с ними в спор, мол, я не виновата, что воды нет, и за вентиляцию я не отвечаю. Некоторые дамы умудряются сказать, что, если вам не нравится, зачем вы ходите в этот клуб. Бред полный.

Любую жалобу надо воспринимать как возможность улучшить свою работу. Я рекомендую фиксировать в журнале все проблемы и жалобы и обязательно их решать.

Из моего опыта: желательно, чтобы администратор любил свой клуб и свою работу. Пускай это звучит странно, но работа на рецепции – это неблагодарная работа. И без любви тут не обойтись. Недовольное лицо администратора может отпугнуть даже фаната вашего клуба, сурового качка и любителя фитнеса в целом.

Старший администратор фитнес-клуба

Все департаменты, в которых работает более трех человек, нуждаются в старшем администраторе. Это может быть чисто формально старший администратор, с минимальными правами и обязанностями, типа распределения графика работы, до максимально расширенных – заниматься закупками товаров, вести учет в компьютерной программе (речь идет о работе небольшого фитнес-клуба до 1000 м²). Старший администратор должен, если необходимо, выходить вместо приболевших подчиненных. Ведь рецепция не может быть пустой.

Старший – не всегда старший по возрасту, хотя у нас эти понимания созвучны. Я противник только возрастного старшинства. Встречал случаи, когда старшим администратором была дама, самая младшая по возрасту. Но исполнительная и амбициозная :).

Старший администратор должен быть примером для подражания. А у нас бывает с точностью наоборот. Старший может и на смену опоздать, и ноги на стол положить. И бейдж не надеть. Надеюсь, у вас в фитнес-клубе такого никогда не будет.

Важно. Есть очень ответственные и позитивные девушки-администраторы. Но как только их назначаешь старшими, начинается беда. Власть кружит голову, и все. Поэтому вы можете сделать старшим с приставкой и.о. Заодно проверить его качества. Но при этом оставить себе возможность заменить.

Я довольно позитивно отношусь к администраторам мужского пола. Хотя бытует мнение, что это не мужская работа. Ну не все же в клубе должны быть качками или фитнес-богатырями? Наличие администратора – молодого человека – позволит показывать мужские раздевалки, при условии, что в клубе нет отдела продаж. Ну и вечером будет комфортнее и спокойнее на рецепции. Мало ли, что стукнет в голову после куриного филе и яичек или полчаса орбитрека и упражнений для пресса.

Смешной случай

Я неоднократно набирал администраторов в разные фитнес-клубы. Отдавая предпочтение девушкам,

администраторам чаевые за качественную работу, таким образом благодаря за качественное обслуживание клиентов.

Согласитесь, спорная ситуация. Возможно, этот пример вызовет вопрос: а что, если инструктор не даст чаевые, ему перестанут записывать клиентов? Не могу ответить однозначно. Но уверен, что небольшие чаевые будут дополнительным материальным стимулом для девочек работать качественнее. Ведь от их работы зависит увеличение клиентской базы и репутация фитнес-клуба. И именно от них может зависеть первый контакт и возможность продать персональные тренировки.

Менеджер по продажам

Менеджеры по продажам – важный элемент успеха работы фитнес-клуба. Мне тяжело себе представить фитнес-клубы, которые открываются в 2015 году, и у которых нет отдела продаж, при условии, что они не являются сетевыми, и это – не арендные клубы (те, которые сдают свою территорию для тренировок почасово). Знаю, что собственники пытаются экономить на всем. Но на отделе продаж нельзя экономить! Представьте, что вы купили дорогую машину, и поставили на нее колеса от самой дешевой. Вы никогда не сможете насладиться ездой и управляемостью.

Менеджер по продажам – это добытчик фитнес-семьи. От его хватки и профессионализма зависит, будет ли у клуба еще один клиент.

Для менеджера по продажам важна, кроме умения продавать, четкость, последовательность, аналитика и чувство юмора.

Четкость. Менеджеры должны быть собраны и пунктуальны, их работа должна напоминать работу швейцарских часов. Если менеджер будет расхлябан, это приведет только к потере клиентов.

Последовательность. Менеджер должен структурированно и последовательно вести переговоры с клиентом о покупке клубной карты. Грамотно аргументируя.

Аналитика. На мой взгляд, это очень важный компонент работы менеджера по продажам. Без детального понимания ситуации невозможно прогнозировать продажи в фитнес-клубе. Необходимо анализировать рекламные компании, сколько было входящих звонков, сколько звонков закончились визитами, сколько было визитов, сколько визитов закончилось покупкой карты. Процент проблемных абонементов в фитнес-клубе. Процент жалоб. Проценты продаж дополнительных услуг.

Чувство юмора. Для менеджера, который постоянно общается с потенциальными и новыми клиентами, а они особенно любят торговаться, наличие чувства юмора просто обязательно. Ведь если без улыбки подходить к выполнению рабочих задач, можно реально тронуться умом.

Я всегда отмечаю в менеджерах по продажам навык коммуникации и установления контакта с потенциальными клиентом. Фактически, менеджер должен понравиться клиенту и завоевать его доверие. Без такого навыка работа этого специалиста невозможна. Клиенты сразу чувствуют неискренность, и ничего покупать не будут, даже если у вас есть бассейн, супер-джакузи и американские тренажеры. Клиенту нужно «вкусно» рассказать обо всем богатстве вашего фитнес-клуба, улыбнуться и понравиться. Но не настолько, чтобы он сделал менеджеру предложение руки и сердца, хотя бывали и такие случаи. Как говорится, перестарались :).

Очень важным навыком менеджера по продажам является использование техники спин-продаж.

Менеджер сопровождения

Менеджер сопровождения – это сотрудник, который замыкает на себя основные функции работы с клиентом, и оказывает ему поддержку – от момента первого визита и взаимодействия с администратором и в течение всего периода использования клиентом услуг клуба или центра. Менеджер сопровождения старается как можно больше продлить сотрудничество вашей компании с клиентом, постоянно расширяя и углубляя диапазон услуг, и находя новые способы удовлетворить потребности клиента. Кроме того, менеджер сопровождения является связующим звеном между клиентом и персоналом клуба, транслируя обратную связь от клиента и, соответственно, корректируя процессы и работу клуба в целом.

Место менеджера сопровождения
в структуре фитнес-центра

Для того, чтобы лучше понять роль и место менеджера сопровождения в структуре компании, обеспечивающей услуги в индустрии красоты и здоровья, рассмотрим две модели организации работы с клиентом – в компании, в которой отсутствует должность менеджера сопровождения, и в компании, в которой эта должность внедрена.

1. Модель организации работы с клиентом в компании, в которой отсутствует должность менеджера сопровождения. Первый визит клиента в фитнес-клуб начинается с общения с администратором.

Клиент знакомится с клубом, после чего, если он

принимает решение обслуживаться в этом учреждении, его зачастую направляют к медицинскому специалисту для измерения физических показателей (рост, вес, состояние сердца, отсутствие противопоказаний и т.п.). Либо клиент идет сразу к специалисту, которого предложил ему администратор.

На крупных предприятиях далее идет общение с клиент-менеджером, который, на основании заключения медицинского специалиста составляет программу продвижения от существующего состояния клиента к желаемой форме, которая включает набор физических, косметологических и других процедур, а также диету.

Клиенту выдается клиентская карта, после чего он отдельно общается с каждым специалистом центра, предоставляющим те или иные процедуры: тренером, массажистом, косметологом, диетологом и т.д.

После прохождения всей программы клиент возвращается к клиент-менеджеру для фиксации достигнутых результатов, отслеживания динамики прогресса и обсуждения дальнейших действий.

Кроме этого, параллельно в компании существует ряд других должностей, чьи активности опосредованно направлены на клиента, однако сотрудники, занимающие эти должности, практически никогда напрямую не взаимодействуют с клиентом. Скажем, это должности менеджера по работе с персоналом, менеджера по маркетингу, менеджера по управлению качеством и т.д.

2. Модель организации работы с клиентом в компании, в которой внедрена должность менеджера сопровождения.

Первый визит клиента в ваш фитнес-центр начинается с общения с администратором.

Администратор с самого начала вверяет клиента заботам менеджера сопровождения, который определяет потребности этого клиента и проводит вводную лекцию о принципах работы с центром. При этом клиент должен:

- чувствовать, что менеджер сопровождения абсолютно честен и заслуживает доверие;
- иметь возможность высказать свои возражения, сомнения и опасения и чувствовать, что менеджер сопровождения их учитывает;
- чувствовать, что менеджер сопровождения — это друг, партнер, советчик.

Если клиента все устраивает и он принимает решение остаться работать с этим центром, менеджер сопровождения проводит оценку физического состояния клиента, на основании которой разрабатывает программу тренировок и процедур для клиента.

После прохождения клиентом каждой процедуры менеджер сопровождения запрашивает обратную связь от клиента относительно уровня его удовлетворенности, и уточняет, что можно было бы улучшить. Эта обратная связь впоследствии транслируется как специалистам, отвечающим за проведение процедур, так и, при необходимости, руководству центра.

Следует отметить, что на небольших предприятиях бизнес- и VIP-класса зачастую должность менеджера сопровождения может выполнять директор центра, либо руководитель подразделения, в котором обслуживается клиент. Как правило, это возможно, когда руководитель имеет опыт работы специалистом в этой сфере обслуживания — персональный тренер, массажист, косметолог, — а также владеет комплексными знаниями в смежных дисциплинах. Такое совмещение имеет свои преимущества. Во-первых, директор предприятия работает более добросовестно, чем наемный сотрудник — что естественно, так как он больше всех заинтересован в развитии своего предприятия.

Во-вторых, прямой контакт высшего руководства с клиентом сам по себе имеет высокую ценность, так как директор напрямую получает обратную связь от клиента, самостоятельно видит возможности для улучшения обслуживания и, что главное, обладает полномочиями для реализации этих возможностей.

Тем не менее, при больших размерах фитнес-центра и большом потоке клиентов директор не имеет возможности совмещать должность менеджера сопровождения. Как правило, подобное совмещение является обычным явлением для салонов красоты, однако скорее исключением для спа и фитнес-центров.

Почему же введение должности менеджера сопровождения в последнее время становится все более актуальным? Это связано с тем, что существование этой должности имеет ряд преимуществ.

Преимущества введения должности менеджера сопровождения

Снижение затрат на персонал. Вместо того, чтобы содержать несколько менеджеров различных узко-специализированных направлений, компания содержит одного менеджера широкого профиля.

Формирование приверженности постоянных клиентов. Менеджер сопровождения концентрируется на поддержке уровня лояльности постоянных клиентов (как известно, основную прибыль компании такого типа получают именно за счет постоянных клиентов, а не за счет привлечения новых).

Минимизация риска «переманивания» клиентов сотрудниками. Нередки случаи, когда специалист какого-то одного профиля, покидая компанию, уводит с собой своих постоянных клиентов, после чего работает с ними либо самостоятельно, либо в рамках другой компании. В ситуации наличия менеджера сопровождения доверие клиента формируется именно к менеджеру, а не к отдельно взятому специалисту, что снижает риск ухода клиента даже при смене персонала.

Сосредоточение всей информации в одном человеке. Гораздо эффективнее, когда вся информация о клиенте, все его данные, а также вся обратная связь от клиентов не распыляется по всем сотрудникам, а концентрируется у одного человека. Таким образом, значительно уменьшается вероятность искажения, задержки или потери важной информации.

Снижение риска конкуренции и недобросовестной рекламы между специалистами и подразделениями внутри предприятия: например, тренер может недооценивать возможности косметологии тела и транслировать свое отношение клиенту, администратор — рекомендовать своего любимого специалиста и нарушать равномерную загрузку подразделения и т.д.

Экономия денег и времени клиента. Так как каждый отдельно взятый специалист заинтересован в том, чтобы продать как можно больше своих услуг, менеджер сопровождения контролирует, действительно ли эти процедуры и услуги будут способствовать достижению намеченного результата для клиента, насколько они будут полезны, или же это будет пустая трата денег клиента (и, главное, не будет ли во вред). Подобная честность в информировании клиента будет способствовать формированию доверия клиента к менеджеру сопровождения и повышению его лояльности к компании.

Основные функции менеджера сопровождения

Как уже говорилось выше, должность менеджера сопровождения совмещает в себе множество функций, которые традиционно требовали наличия отдельных менеджеров для их выполнения. Среди них — функции менеджера по работе с клиентами, по работе с персоналом, по управлению качеством, по продажам, маркетингу и т.д. Рассмотрим, какие обязанности входят в каждую из этих функций:

Функция	Обязанности менеджера
Работа с клиентами	Первичное знакомство клиента с салоном или клубом. Работа с потребностями клиента. Разработка для клиента программы тренировок и/или процедур, на основании его потребностей и физического состояния. Консультирование клиента по всевозможным вопросам, как по непосредственно касающимся его программы, так и по организационным моментам. Информирование клиента по клиентской карте (сроки действия, акции и т.д.). Автоматизация работы с клиентом (ведение клиентских баз данных). Обеспечение удовлетворенности клиента на всех этапах его пребывания в клубе или центре.
Работа с персоналом	Знание специфики работы и обязанностей всех специалистов компании, разработка на основании этой информации программы для клиента. Контроль выполнения персоналом своих обязанностей и соблюдения стандартов обслуживания, принятых в организации посредством получения обратной связи от клиентов. Предоставление обратной связи персоналу в случае недовольства клиента, а также благодарностей от имени клиентов.
Управление качеством	Доскональное знание каждого продукта или услуги, которые предоставляет компания, всех их преимуществ и недостатков. Доскональное знание корпоративного кодекса и стандартов обслуживания, контроль за их соблюдением. Периодический контроль качества предоставляемых услуг посредством получения обратной связи от клиентов. Предоставление персоналу обратной связи относительно качества. Предложение способов повышения качества продуктов или услуг компании.

Продажи	Продажи клиенту дополнительных и сопутствующих товаров и услуг (процедуры, спортивное питание и т.п.) Принятие решения насчет услуг, которые были рекомендованы клиенту другими специалистами. Соблюдение баланса между уровнем доверия клиента и уровнем продаж (очевидно, что для завоевания доверия в начале взаимоотношений с клиентом важно не переусердствовать со стремлением продать. И наоборот – когда доверие уже установлено, можно постепенно увеличивать продажи).
Маркетинг	Постоянная презентация клиенту новых продуктов и услуг компании, а также дополнительных возможностей для реализации его потребностей. Информирование клиента о всевозможных акциях и скидках, которые проводит компания. Использование клиента как транслятора положительной информации о клубе во внешней среде, что способствовало бы притоку новых клиентов.

Естественно, что для выполнения всех выше-перечисленных обязанностей к менеджеру сопровождения выдвигаются особые требования – ему необходимо владеть рядом знаний и навыков, а также обладать определенным набором личностных качеств. Эти требования перечислены ниже.

Требования к менеджеру сопровождения

Знания и навыки, необходимые менеджеру сопровождения для выполнения своих функций:

Коммуникативные навыки – способность входить в контакт с клиентом, внимательно слушать, задавать правильные вопросы, качественно информировать, поддерживать неформальный разговор, грамотно высказывать свою мысль и т.д.

Способность прояснить потребности клиента – как те, о которых клиент заявляет, так и те, которые клиент по каким-то причинам не озвучивает, и даже те, которые клиент самостоятельно не осознает.

Навыки продаж – презентация товаров и услуг, убеждение и работа с возражениями.

Базовые менеджерские знания и навыки – навыки планирования, управления процессами, контроля, предоставления обратной связи.

Знание особенностей продуктов, технологий всех процедур и услуг, которые предоставляются в центре или клубе.

Логистические навыки – умение организовать получение услуг самым удобным для клиента образом, экономить время клиента.

Знание основ и принципов коррекции фигуры: причины лишнего веса (как физиологические, так и психосоматические), влияние стрессов на организм, биохимия мышечной деятельности, обмен веществ и жировой метаболизм, принципы рационального питания, влияние гормонов, основные типы эстетических процедур и т.д.

Знание основ психологии: базовые потребности людей, мотивации, психологические типы клиентов и особенности их обслуживания и т.п.

Знание стандартов компании в работе с клиентом: алгоритм ведения клиента, уровень интервенции, способы объективной оценки физического состояния клиента, составление карты клиента, содержание вступительной лекции для клиента и т.п.

Знание стандартов обслуживания, корпоративного кодекса, протоколов процедур, особенностей и структуры различных групповых занятий и индивидуальных тренировок.

Личностные качества, которые нужны менеджеру сопровождения для выполнения своих функций:

Коммуникабельность – не только умение, но и желание общаться, получение удовольствия от процесса коммуникации с клиентами.

Эмпатия – умение правильно определять чувства и эмоции клиентов. Понимать невербальные сигналы общения (мимика и жесты), ведь иногда клиенты в силу воспитания не сообщают о своих желаниях или неудовольствии, а просто перестают пользоваться услугами без объяснений.

Позитивность – склонность располагать к себе, производить приятное впечатление и находить общий язык с клиентом.

Организованность – любовь к упорядоченности, планированию, организации своих действий.

Стрессоустойчивость – способность справляться со сложными ситуациями на рабочем месте, быстро реагировать на непредсказуемые обстоятельства, разрешать конфликты и напряженности, не принимать на свой счет недовольство клиента, контролировать свои эмоции.

Ответственность – готовность отвечать перед клиентом за работу всего центра или клуба, соблюдать договоренности, исправлять ошибки, устранять сбои и компенсировать причиненные неудобства.

Инструменты определения соответствия менеджера сопровождения заявленным требованиям

Недостаточно просто знать требования к менеджеру сопровождения – не менее важно быть способным адекватно оценить кандидата на эту должность на предмет соответствия этим требованиям. В то время, как знания и навыки проверяются достаточно просто – с помощью обычного собеседования, – личностные качества не так-то легко распознать с первой встречи. Для того, чтобы максимально полно просканировать личность кандидата (как человека «со стороны», так и уже работающего в компании на какой-то из должностей), существуют специальные техники и методики – инструментарий, который позволяет всесторонне тестировать кандидата перед назначением на должность.

Так как такая должность – инновационна, и на рынке труда присутствует недостаточное количество специалистов по этому направлению, одним из эффективных и наиболее надежных способов комплектации штата менеджером сопровождения является обучение наиболее перспективных сотрудников среди имеющихся на предприятии. При этом главное:

- сделать ставку на специалиста, наиболее соответствующего требованиям должности менеджера сопровождения. Особенно по личным качествам;
- определить зоны его ближайшего развития, а именно – каких знаний или навыков ему не достает, чему его необходимо научить;
- выбрать правильный метод обучения и способ оценки результатов;
- убедиться, что цели обучения одобрены самим сотрудником, а не навязаны вами.

Трудности, которые могут возникнуть при введении на предприятии должности менеджера сопровождения:

1. Сопротивление изменениям со стороны персонала. Люди сопротивляются изменениям, потому что любые изменения кажутся угрозой привычному поведенческому стереотипу, статусу или материальному вознаграждению. Их порой трудно преодолеть, даже когда они не причиняют вреда вовлеченным в них работникам. Тем не менее, попытка сделать это является ключевым элементом в разработке стратегии изменений.

Первый шаг заключается в проведении анализа потенциального влияния изменений методом наблюдения за степенью их воздействия на людей на рабочих местах. Результаты анализа должны показать, какие аспекты предлагаемых изменений могут быть поддержаны всеми или отдельными работниками, а какие вызовут сопротивление. Насколько возможно, необходимо определить потенциально враждебные или негативные реакции людей, учитывая все возможные причины сопротивления изменениям, перечисленные выше. Нужно попытаться понять связанные с изменениями чувства и страхи вовлеченных людей, с тем, чтобы рассеять необоснованную озабоченность, и насколько возможно избежать двусмысленности.

Вовлеченность в процесс изменений дает людям возможность выразить и обуздать свои волнения, а также внести предложения по поводу формы и способов проведения изменений. Целью здесь является формирование «чувства собственности» – ощущения людей, что они смогут жить с данными изменениями, так как были вовлечены в их планирование и проведение, то есть они стали их изменениями. Люди обычно принимают то, что они помогали создавать.

Информирование о предлагаемых изменениях должно быть тщательно подготовлено и четко оформлено, чтобы рассеять ненужные страхи. Должны использоваться все имеющиеся каналы коммуникации: письменные документы, личное общение с сотрудниками.

2. Разработка системы оплаты труда менеджера сопровождения.

(На примере действующего велнес-центра, в котором существует должность – менеджер сопровождения.)

Функцию менеджера сопровождения в этом велнес-центре выполняет директор косметологического блока – косметолог. Получает зарплату, как специалист, ставку, как директор, и процент от прибыли блока, как менеджер сопровождения (оборот блока – расходные материалы – зарплата сотрудников). Связь между зарплатой, работой менеджера сопровождения и эффективностью работы блока – очевидна. Возможны другие виды оплаты труда на предприятиях другого формата.

Следует помнить, что для каждого сотрудника важна как материальная, так и нематериальная мотивация, которая будет эффективна только при ее сбалансированном и дозированном применении.

Чистота и уборщицы

Странный раздел для книги о фитнес-менеджменте, но я просто обязан этому вопросу уделить пару абзацев.

Как я уже говорил, чистота – это показатель сервиса в фитнес-клубе. Если в клубе чисто, то клиенты воспринимают это как элемент сервиса. Я – сторонник постоянной чистоты во всех помещениях в фитнес-клубе. Открывая фитнес-клубы, я обычно набирал уборщиц из расположенных поблизости домов. Если площадь фитнес-клуба более 1500 м^2, и в нем есть бассейн, желательно, чтобы уборщица находилась в фитнес-клубе постоянно. В клубах меньшей площади зачастую уборщицы приходят утром и вечером.

Ключевой вопрос: где им находиться в течение дня, и чем заниматься? Поверьте, просто сидеть без дела гораздо хуже, чем работать.

Возникает хороший вопрос: как руководить уборщицами, и есть ли у них нормы по площади уборки?

Обычно у уборщиц есть старший – либо завхоз, либо ими руководит старший администратор. Они подчиняются одному человеку, который отвечает за график работы и закупку расходных средств.

Настойчиво рекомендую иметь пару запасных уборщиц. Ведь они, бывает, болеют.

Часто встречаю уборщиц пенсионного возраста: им можно мало платить, но это иногда влияет на качество и скорость работы.

Некоторые фитнес-клубы, особенно сетевые, заключают договора с клининговыми компаниями. Но такое решение часто обходится дороже, чем иметь в штате собственных уборщиц.

Я считаю, что уборку клуба нужно проводить либо вечером, после закрытия, либо утром, перед открытием. Но если убирать утром, помещения могут не успеть высохнуть :). Все зависит от площади и функциональных зон фитнес-клуба.

Из моего опыта: уборщицы обычно убирают от 200 до 400 м^2. Хотя бывает, что работает всего одна уборщица в клубе площадью 600 м^2. Но, повторюсь, все зависит от функциональных зон. Есть помещения, которые не требуется убирать постоянно, а некоторые должны всегда быть идеально чистыми. Особенно рецепция и раздевалки. Прошу уделить особое внимание рецепции, особенно в зимний период.

Создавая клубы, я всегда говорю, что входная группа должна быть практичной. Никакой белой плитки или ламината. Нужно сделать покрытие, которое не придется убирать каждые 10 минут. В зимний период рецепцию должны убирать раз в 30 минут. Протирать пол от снега и мокрых следов. Поэтому график работы уборщиц в зимний период обычно меняется.

Важно. Как решить вопрос чистоты в мужских раздевалках? Ведь обычно там, особенно вечером, происходит что-то страшное. Море воды, скользко и грязно.

Я рекомендую завести уборщика, ведь женщина не сможет туда зайти и протереть. Часть клиентов просто стесняется. Поэтому, если у вас большой клуб среднего уровня, ваш бюджет позволит вам взять себе такого сотрудника. Если у вас фитнес-клуб премиум-класса, вы просто обязаны иметь такого сотрудника, который бы создавал уют и комфорт. Обычно клиенты ему оставляют неплохие чаевые. А если у вас есть бассейн, то обычно такой уборщик помогает переодеваться деткам :), рассказывая им смешные истории. Детки балдеют, и родители довольны.

Собственный афоризм
Уборщицы в фитнес-клубе должны быть незаметны, как судья на боксерском ринге.

У уборщиц должна быть форма, можно без логотипа, но форма – обязательна. Лучше, конечно, с логотипом вашего фитнес-клуба, тут все зависит от его уровня и его возможностей.

Я уделяю большое значение, казалось бы, мелочам, но, поверьте, клиенты обращают внимание как на самих уборщиц, так и на результат их работы.

Согласитесь, попадаются уборщицы, которые умудряются начать тереть тряпкой перед клиентом, да так, что он в итоге может поскользнуться на мокрой плитке. Или, наоборот, на входе будет куча грязи, а уборщицы будут говорить, что этого не было.

Все клиенты, приходя в клуб, всегда первым делом смотрят под ноги.

Пример из жизни
В тренажерном зале клиент разлил воду, инструктор тренажерного зала стал вызванивать уборщицу, чтобы та пришла и протерла пол. В это время другой клиент молча подошел, взял полотенце из корзины использованных полотенец, и сам протер пол.

Грамотное распределение клиентов

С точки зрения любого дежурного инструктора, грамотного распределения клиентов просто не существует. Ведь тренерам всегда мало. И всегда виноваты администраторы или менеджеры.

На самом деле все обстоит не так. Вы, как менеджер, должны вести статистику эффективности каждого тренера, где будет два показателя:

1) количество купленных абонементов после проведенного инструктажа (ознакомительной тренировки).

2) количество продлений абонементов персональных клиентов.

Эти правила относятся к инструкторам любых направлений, ведь, как вы помните, мы тут бизнесом собрались заниматься, а не продвижением любимого тренера или просто красивой девочки.

Теперь – детальнее о показателях.

Количество купленных абонементов после проведенного инструктажа. Это – показатель грамотности первичной продажи. Есть тренеры, которые могут спокойно «зацепить» клиента, уже пару месяцев приходящего в тренажерный зал. Инструктор, не стесняясь, подойдет и предложит свои услуги, подправит технику выполнения упражнений, либо уделит дополнительное внимание на классе. Есть инструкторы, которым это сделать не удается... Почему? Во-первых, они более стеснительные. Во-вторых, они более мнительные. Мол, зачем я буду подходить к клиенту и что-то ему предлагать? Захочет – сам ко мне подойдет и попросит.

К моему большому сожалению, клиенты ничего просить не будут. Потому что они – клиенты и ждут внимания со стороны персонала клуба. Так вот, иногда для них инструктаж является спасительной палочкой. Ведь инструктаж – это повод подойти к клиенту и предложить ему свои услуги. Но если после инструктажа клиент не покупает персональный пакет тренировок – это сигнал. Почему он это не делает? Часть тренеров сразу скажет, что ему, наверное, просто дорого. И снова они ошибаются (если, конечно, у вас не космические цены). Клиент фитнес-клуба готов совершить покупку, он просто не понимает выгоды от персональных тренировок. Если тренер не умеет грамотно объяснять, не уделяет внимания клиенту, то, согласитесь, действительно виноват клиент :). Нет, конечно, виноват – тренер!

К примеру, у одного тренера статистика покупки клип-карт (персональных абонементов) 70%, то есть из десяти клиентов, прошедших ознакомительный инструктаж, персональный абонемент покупают семь клиентов. А у другого тренера эта статистика 30%, то есть три клиента из десяти покупают абонемент. Как вы думаете, к какому тренеру лично я запишу нового клиента? С большой вероятностью это будет более продаваемый тренер. Ведь он сможет принести прибыль клубу и подразделению. Есть, правда, ряд «но»: бывает, что тренер, который более эффективно продает персональные тренировки, уже заполнил свой график тренировок и он просто не сможет вечером тренировать этого клиента. Для этого я рекомендую перед записью на инструктаж выяснить у клиента, в котором часу он планирует посещать тренажерный зал. Пока еще не персональные тренировки. Если вы видите, что клиент планирует тренироваться в то время, которое уже занято у более продаваемого тренера, можете принять следующее решение: все-таки записать его к более продаваемому тренеру и надеяться, что тренер «уболтает» клиента ходить на другое (свободное у тренера) время. Либо тренер после инструктажа сможет продать персональные тренировки своего коллеги. Да, именно так. Если эту книгу читают тренеры, они думают, что я, видимо, рехнулся. Повторяю, если вы не можете самостоятельно проводить персональные тренировки с клиентом после ознакомительного инструктажа, вы обязаны его передать другому тренеру, и как следует его отрекомендовать. Ведь клубу важен общий финансовый результат, а не конкретный успех. Либо записать к тренеру, у которого есть свободное время, но он не может продать персональный пакет тренировок. Поэтому задача менеджера — правильно принять решение.

Тренеры, мало продающие персональные тренировки и не превращающие ознакомительные инструктажи в клип-карты, — это ваша головная боль. И вы должны грамотно решить эту проблему. Часть менеджеров забывают об обучении. Ведь для грамотных продаж мало быть просто подкачанным парнем и «фитнес-няшкой», нужно знать психологические основы продаж персональных тренировок.

Второй показатель — это процент продления персональных тренировок.

Бывают тренеры второго типа, которые шикарно втираются в доверие к клиенту. Сразу переходят на ты, целуются и обнимаются при встрече, но у них очень низкий процент продления персональных тренировок. То есть, у них хорошо развит навык установления контакта с клиентом, но они быстро теряют заработанные баллы.

Задача менеджера — подтянуть показатели таким тренерам с помощью обучения и простого диалога. Задайте им элементарный вопрос: что мешает продавать и продлевать ваших персональных клиентов? Они очень часто отвечают, что, мол, это все клиенты виноваты, хотя на самом деле клиенты тут ни при чем.

Очень легко критиковать менеджмент в вопросе распределения клиентов. Каждый себя считает обиженным и обделенным.

Есть простое правило, работающее в тренажерном зале и бассейне: клиента на инструктаж записывают в дежурному тренеру. Кто дежурный, тому и карты в руки. Однако иногда приходится вмешиваться в этот процесс и менеджерской рукой перераспределять клиентов. Бывает, на дежурной смене работает более слабый тренер, и менеджер может записать инструктаж его коллеге, который просто пришел в клуб тренировать своих клиентов. Я знаю, насколько это неприятно, сам пару раз становился такой жертвой.

Еще один важный показатель. Это — так называемый профиль клиентов тренера. То есть одному тренеру проще тренировать мальчиков, другому проще тренировать девочек. Это легко отследить в программе учета, создать возрастной и/или гендерный фильтр для персональных клиентов.

Зачем это нужно? Это упростит процесс распределения клиентов. Часть тренеров со мной в корне не согласятся, мол, настоящий профи должен тренировать всех подряд. Возможно, но мой собственный опыт показывает, что проще использовать этот показатель при распределении клиентов.

Еще раз напоминаю, что менеджер принимает решение и несет ответственность.

Организация взаимодействия подразделений «фитнес», «сервис», «продажи»

Отдел сервиса и сопровождения клиентов

Фитнес-бизнес построен на продаже клубных карт и дополнительных товаров и услуг фитнес-клуба. Ключевая проблема доходности фитнес-клубов – это процент продления клубных карт. А каков он у вас? Сколько клиентов продлевают клубные карты?

В обычных фитнес-клубах процент продления – от 30 до 60%. Я не буду вдаваться в подробности и типы клубных карт. Если процент продления меньше 30%, это очень плохой сигнал. Значит, что-то клиентам не нравится, и они не хотят оставаться в вашем клубе. Для этого я рекомендую создавать отдел сервиса. Эта рекомендация более актуальна для многотысячных фитнес-клубов, но ничего не мешает ввести подобные функции для отдела продаж в средних и маленьких фитнес-клубах. Ведь клиенты, которые уже пришли и купили клубную карту в вашем фитнес-клубе, – это потенциальные покупатели второй клубной карты. Им проще предложить лояльные условия на продление, нежели запускать рекламную компанию и вылавливать новых клиентов в мутной воде.

Это слабое место работы фитнес-клубов, все делают

акции для новых клиентов, но не уделяют внимание существующим.

Я об этом говорил в свое первой книге: для привлечения нового клиента вы тратите в пять-шесть раз больше, чем на удержание существующего. Но для менеджеров это иногда просто пустой звук. Вы должны сконцентрировать свое внимание на существующих клиентах, заботиться о продлении сотрудничества с ними, и работать с их жалобами и пожеланиями.

Вот, как обычно выглядит сценарий жизни клиента в фитнес-клубе: уговаривают купить клубную карту; клиент покупает карту; о нем помнят первый месяц и потом забывают.

Год он никому не нужен, и за месяц до продления (это в лучшем случае!) его «берут в оборот». Начинают делать выгодное предложение, «только для вас и только сейчас». Скидка 70% на карту... Но прикол в том, что она дороже прошлой на 30%. Не буду мучить математикой, но обычно предложение по продлению радует :).

Я верю, что описанный мной пример никогда не повторится в клубе читающего эту книгу. Это стыд и позор.

Еще раз говорю: если вы не работаете со своими клиентами, с ними работает другой фитнес-клуб.

После покупки карты клиента должны распределить некоему куратору. Это может быть отдельный отдел сервиса для больших клубов, либо фитнес-тренеры в маленьком клубе.

Обычно на одного менеджера можно повесить 200-250 человек. На практикующего фитнес-тренера – 100-150. Все зависит от активности и проворности. Но перегружать этих специалистов не стоит, это напрямую будет влиять на качество.

Чем должны заниматься эти специалисты?
Они должны заниматься процессом продления клубных

карт и сопровождением клиентов, раз в месяц звонить и интересоваться, всем ли доволен клиент. Вы можете это автоматизировать и рассылать СМС. Но гораздо приятнее, когда тебе звонят и приглашают, либо интересуются – всем ли ты доволен.

Тренеры могут обзванивать в промежутках между тренировками.

В некоторых клубах таких специалистов называют wellness-консультантами. И в их обязанности входит еще и первичный осмотр клиента. Рекомендации по тренировкам, простое физическое тестирование на гибкость и силу. Важно, чтобы они сопровождали клиента после месяца его пребывания в фитнес-клубе, особенно если у клиента клубная карта на год.

Жалобы

Для клиента важно кому-то пожаловаться, если его что-то не устраивает в работе вашего клуба.

Жалоба – это очень хорошо. Жалоба – это второй шанс для клуба. Когда клиент жалуется, фактически он открытым текстом говорит: исправьте вот эту проблему, и я буду продолжать ходить в ваш клуб. Некоторые сотрудники это абсолютно неправильно трактуют, воспринимая жалобу как личную обиду. Если клиент хочет пожаловаться, а ему, извините, некому, то он скорее всего будет жаловаться на клуб своим друзьям и нанесет урон вашей репутации.

Важным моментом работы с клиентами является внимание. Ведь не все приходят в клуб сурово качаться и рвать штанги и беговые дорожки. Клиенты любят, когда их любят.

Топ жалоб в фитнес-клубе

1. *Технические жалобы.* На горячую воду, точнее на ее отсутствие, вентиляцию, поломанные тренажеры и их

недостачу (беговых дорожек или штанг). Нехватку полотенец, или мокрые тренажеры после вспотевших клиентов.

2. *Жалобы, связанные с ценой*: у вас дорого. Дорогие персональные тренировки или спортивное питание, и клубные карты дорогие.

3. *Жалобы, связанные с работой персонала*. Администратор не улыбнулся, или тренер не подстраховал.

4. *Жалобы из-за плохо настроения.* Есть клиенты, которым все всегда не то и не так. Даже если вы встанете на голову и будете его обнимать, ему все равно не понравится.

> **Важно**. Никогда не обещайте исправить проблему, если вы этого не можете сделать. Часто слышу, как администраторы фитнес-клуба обещают клиенту исправить вентиляцию или добавить полотенец. При этом ничего не делают, а только лишь обещают.

Кто лучше поможет клиенту продлить карту

Итак, наступает период, когда у ваших клиентов подходит к концу срок действия клубной карты. Некоторым клиентам приходит СМС: у вас скоро карта заканчивается, мы вас любим, и все дела. Клиент начинает спрашивать у своего тренера, а сколько сейчас стоит клубная карта. Тренер спокойно говорит: это не мое дело, ведь я тренировки провожу, а не карты продаю, но я узнаю.

А должно быть по-другому. Тренер — это доверенное лицо клиента, через два-три месяца персональных тренировок он знает все тайны своего клиента. Важно, чтобы тренер не терял этой степени доверия. И показывал, что он играет за команду своего клиента. Поэтому тренер может сказать, что он клиенту выбил специальную цену и договорился о продлении на выгодных условиях. Это добавит позитивных баллов тренеру в глазах клиента.

Ведь тренер, как никто, заинтересован, чтобы его клиенты продлевали клубную карту и персональные тренировки.

Если вы хотите выстроить такую коммуникацию, ваши менеджеры должны знать, какие клиенты тренируются персонально, и переговорить с тренерами этих клиентов, подготовив для них предложение, которое они озвучат своим подопечным. Как вы понимаете, персональные клиенты приносят клубу больше прибыли, чем простые обладатели клубных карт. Но это не повод не обращать на них внимания. Вы должны бороться за каждое продление.

Рекомендация

Клиент отказывается продлевать клубную карту. Ваши менеджеры могут подготовить ему предложение, но сам диалог и беседу можете провести именно вы. Если вы являетесь директором клуба, вы должны представиться и сделать предложение от клуба. Иногда присутствие «главного» помогает убедить клиента. Пробуйте.

Еще раз хотелось бы подчеркнуть: в процессе продления клубных карт должны принимать участие все сотрудники, которые имеют к этому отношение, ведь ваша цель – увеличение лояльности среди постоянных клиентов и увеличение процента постоянных клиентов в фитнес-клубе.

Отдел продаж – взаимоотношения с отделом сервиса и фитнес-департаментом в вопросах, какие пакеты лучше продавать

Когда вы готовите варианты клубных карт на продление, вам желательно готовить нестандартные пакеты. Ведь ваш клуб должен качественно отличаться от других. Когда я говорю об отличиях, речь не идет о стоимости, мол, у нас дешевле и все такое. Речь идет об уникальности той карты, которую вы предлагаете вашему клиенту. И вот тут начинаются «приколы нашего городка». Все предложения на продление одинаковы, как братья-близнецы. Хотя потребности у клиентов разные, и стили посещения клуба тоже. Проанализируйте, чем бы вы могли заинтересовать клиента перед продлением, какой пакет дополнительных услуг можно включить в карту, чтобы она стала более привлекательной. Возьмите и проанализируйте, как посещал клуб ваш клиент, какими услугами он пользовался. Возможно, предложите ему семейный формат клубной карты, хотя зачастую семейные клиенты не любят ходить со своими женами и мужьями в клуб.

Возможно, обратите внимание на детские направления. Очень часто клиенты, которые ходят в клуб, не знают, что у вас есть детский клуб или детская комната. Фантазируйте и качественно отличайтесь от своих конкурентов. Ведь клиенты, которые встречаются вне клуба, обсуждают не только красивых мужчин, женщин, машины и моду, но и фитнес-клубы в том числе.

Важно. Когда приходит время процесса продления клубных карт, анализируйте, что предлагают ваши основные конкуренты. Это полезно, да и наталкивает на новые идеи.

Организация и контроль взаимодействия подразделений в фитнес-клубе

Единое «информационное поле»

В работе фитнес-клуба важно иметь единое информационное поле. Я часто замечаю, что сотрудники разных департаментов абсолютно не знают, что происходит в соседнем зале: кто там работает, какие там акции проходят. Это происходит в небольших фитнес-клубах, не говоря уже о больших. Это неправильно. Как я уже говорил, клиент воспринимает вас и ваш клуб как единое целое. Поэтому клуб должен быть работать в едином информационном поле.

В некоторых больших клубах используют систему автоматизации или электронной рассылки – когда всем сотрудникам рассылают на их почту информацию о работе клуба и дополнительную информацию. Либо SMS-рассылки для персонала.

Также эту информацию вы можете сообщать на собраниях и пятиминутках. Причем необязательно собирать весь коллектив, достаточно донести эту информацию до старших, или менеджеров подразделений, а они уже оповестят своих сотрудников. Если у вас в фитнес-клубе есть салон красоты или спа, необходимо сообщать сотрудникам этих, казалось бы, разных департаментов, о том, что происходит в клубе и соседнем подразделении. Особенно часто замечаю непонимание между не связанными департаментами. В фитнес-направлениях это понятно. А вот когда проводятся смежные акции, дефицит информации вызывает некоторые сложности.

Важно. В комнате для персонала или раздевалке должна быть доска для объявлений, где вы обязательно должны вывешивать всю информацию об акциях, премиях, наказаниях.

Важно донести до сотрудников фитнес-клуба, что их основная задача – помочь, а потом – продать. И если к ним обращается клиент с вопросом, какие у вас есть занятия в бассейне, не стоит его отправлять в бассейн. Ведь он спросил у вас! Кроме того, известно, что клиенты довольно сильно доверяют своим тренерам или администраторам, прислушиваются к их мнению и рекомендациям. И если ваш сотрудник порекомендует специалиста из смежного направления, это приведет к увеличению общих продаж в клубе. А вы к этому стремитесь. Поэтому стимулируйте свой персонал совершать кросс-продажи.

Организация кросс-продаж

Кросс-продажи – это продажи сопутствующих товаров. Речь идет о спортивном питании и продажах услуг других департаментов. Розовая мечта любого собственника – когда его тренер тренажерного зала продает своему клиенту спортивное питание, предлагает ему посещать групповые программы по расписанию или салон красоты, если он есть в вашем фитнес-клубе, заманивает его родственников, и они становятся клиентами клуба, покупающими все товары и услуги.

Увы, в реальной жизни так происходит крайне редко. Ведь инструктор тренажерного зала либо не замотивирован продавать дополнительные услуги, либо боится, что сотрудники других департаментов попросту могут переманить его персонального клиента.

> **Важно.** Стал свидетелем неприятной ситуации, когда инструктор групповых программ, не мудрствуя лукаво, сманил клиента, который тренировался два раза в тренажерном зале и два раза ходил на групповое занятие. Ведь руководство клуба просило, чтобы тренеры тренажерного зала рекомендовали групповые программы. Называется, дорекомендовались. Как вы думаете, после такого инцидента хоть один тренер отпустит на групповые занятия своего клиента?

Вам следует выстроить грамотную систему мотивации, примеры которой вы найдете в следующей главе. Довольно сложно отследить, кто кого рекомендовал и кому в итоге начислять бонус.

Я не привожу живых примеров в этом разделе, так как хочу, чтобы вы приняли активное участие в организации кросс-продаж в своем фитнес-клубе. Готов вам в этом помочь.

Пример из жизни. У меня была клиентка, которая начала тренироваться в тренажерном зале. Но ее темперамент и медлительность сильно мешали ей в процессе тренировок. Это были почти статические движения, и мои попытки улучшить ситуацию не приводили ни к каким результатам. Я решил направить ее на систему пилатес, понимая, что ей там будет лучше. Как тренер, я был расстроен, ведь я терял восемь тренировок в месяц (она ходила два раза в неделю). Но, спустя время, в клуб пришла ее подруга. Как вы думаете, кого она порекомендовала как тренера тренажерного зала? Именно меня. Вывод: всегда помогайте клиенту, он это чувствует и отблагодарит вас. Скептики подумают, что я зря отдал клиентку на пилатес, мог ведь совмещать. Увы, времени у нее было только на два занятия, и я понимал, что занятия в тренажерном зале не приносят ей радости.

Увеличение продаж в фитнес-департаменте

Это — ключевая зона ответственности фитнес-менеджера. Как можно увеличить прибыль фитнес-клуба?

Я разделяю этот вопрос на направления: тренажерный зал, групповые программы, аква-направление, единоборства и игровые виды спорта.

Если же в вашем клубе есть дополнительные направления фитнес-индустрии, пишите мне на почту, и я помогу в вопросе конкретного увеличения продаж этих направлений.

Тренажерный зал

За счет чего мы можем увеличить объем продаж товаров и услуг в тренажерном зале:

1. *Планы персональных тренировок.* Я уже об этом писал, но, как известно, повторение — мать учения. У каждого тренера должен быть план продажи персональных тренировок и спортивного питания. Выполняет — молодец. Не выполняет — не молодец.

2. *Карты «дополнительного внимания тренера».* Я достаточно скептически отношусь к подобного рода услуге. Что это за карты? Карты, в которых предусмотрено внимание тренера, но при этом он может уделять внимание и другим клиентам. Так начинали работать многие фитнес-центры. Вы покупаете абонемент, и тренер вам пишет программу тренировок и питания. Страхует вас и

постоянно отвечает на ваши вопросы. Для ленивых инструкторов – это выход, чтобы не продавать персональные тренировки.

В таких случаях интересно формируется цена для клиента. Он платит, предположим, 50 у.е. при стоимости карты 30 у.е. (цифры взял обобщенно-условные). 7 у.е. себе берет фитнес-клуб (итого 37 у.е.), а оставшиеся 13 у.е. берет себе тренер. Понятно, что цены могут быть выше, надеюсь, вам понятен этот механизм оплаты. Такая услуга – сильный удар по продаже персональных тренировок. Но факт ее наличия в фитнес-клубах свидетельствует о том, что она пользуется успехом. Пробуйте, только грамотно поработайте над ценообразованием.

Если по каким-то причинам в вашем фитнес-клубе нет персональных тренировок, попробуйте ввести эту услугу.

3. *Спортивное питание* – его нужно продавать, и точка.

4. *Аренда тренажерного зала для других инструкторов.*

На мой взгляд, это классная идея: аренда тренажерного зала, когда тренеры приходят со своими клиентами, и тренируют их в вашем клубе.

Правда, есть ряд «но». Во-первых, стоимость тренировки у приходящего тренера не должна быть ниже стоимости тренировок в клубе – чтобы он не переманил ваших клиентов. Часть «арендных» инструкторов скажет, мол, я не переманивал, и будут правы. Но клиенты, общающиеся друг с другом в раздевалке, часто спрашивают: а ты сколько платишь своему тренеру?.. И поехало: блин, а может, я к твоему перейду?

Что мешает вам сделать ваш клуб некоей «Меккой» для всех арендных инструкторов города? Ведь их клиенты покупают у вас клубную карту и ходят в клуб, а тренер платит аренду.

Второй момент – это привлечение новых клиентов. Есть

часть инструкторов, которые тренируют трех-четырех клиентов, получают от них приличные деньги, и гордо ходят по клубу, хвастаясь новым телефоном и рассказами, что им не нужно тренировать, как проклятым. Их ненавидят дежурные инструкторы. Бывало? Есть инструкторы более скромные, и они не прочь заработать на клиентах клуба.

Важно. Перед тем как сдавать тренажерный зал в аренду, сформируйте набор правил для «арендных» инструкторов, и предложите им подписать эти правила. Возможно, они не будут иметь никакой юридической силы, но в дальнейшем, когда могут начаться споры, вам будет чем аргументировать — кроме гимнастической палки :).

И обязательно возьмите арендную плату за два месяца. Как за квартиру.

В этом вопросе важно принимать во внимание размеры вашего тренажерного зала и раздевалок: иногда вечером посетителей бывает так много, что некуда и блину со штанги упасть. А тут еще эти «арендные» инструкторы :).

Очень важен вопрос формирования стоимости аренды.

Тут есть два варианта. Первый: все деньги идут через вас, когда их клиенты платят вам. Но это — геморрой и лишняя работа вам и бухгалтеру. И второй вариант — фиксированная плата.

Вы спросите, как ее можно сформировать?

Тут тоже есть варианты. Если хотите привлечь как можно больше арендных инструкторов и клиентов, можете установить арендную плату ниже среднего по вашему городу. Я — сторонник вменяемой платы, ведь я и сам пару раз работал арендным инструктором.

Есть варианты, когда вместо аренды инструктор работает по схеме «50 на 50» с клубом: много людей — плачу больше, мало — плачу меньше.

Как известно, в январе всегда меньше работы, как и в мае. А аренда одинакова.

Привязываться к стоимости тренировки нет смысла, ведь ребятам платят разные суммы.

Если у вас не получается сформировать стоимость аренды, пишите мне, постараюсь вам помочь.

5. *Создание социальных проектов, соревнований*

Наш народ приходит в восторг от телевизионных проектов – «сбрось вес», «стань супермоделью». Зайдите на местный телеканал и предложите им провести подобный проект. Одно условие – найти себе спонсора, спортивный магазин или большой торговый центр. Это очень сильно мотивирует людей. Мол, записываешься в проект и начинаешь тренироваться, при этом не оплачивая услуги, и потом тебя по телевизору показывают. Здорово! Пробуйте. Так образом вы сможете привлечь в клуб новых клиентов и сделать хорошую рекламу клубу. А победителю проекта вручить годовую клубную карту. Не жмитесь.

5. *Внедрять новые направления.* Кроссфитом уже никого не удивишь, но читатели этой книги могут быть из разных стран и городов. В одном городе это уже было и стало не модно, а вот в другом этого еще не было и может стать модным. Помните, клиентов необходимо постоянно удивлять и привлекать новыми направлениями фитнеса, в тренажерном зале это сделать гораздо тяжелее, чем в других департаментах. Вам ничего не мешает поискать в интернете, зайти на европейские или американские сайты фитнес-клубов, посмотреть, что там сейчас модно, и попробовать это реализовать у себя. Скажу больше – есть часть людей, которые до сих пор культивируют гиревой спорт, происходит некое второе рождение этого направления. Для занятия этим видом спорта много инвентаря не нужно, но, правда, нужен твердый пол и... крепкие нервы :).

7. *Реабилитация*. Довольно пикантный вопрос. Ведь для осуществления квалифицированной реабилитации необходимы лицензия и специалисты с высшим медицинским образованием.

У нас же каждый второй мнит себя реабилитологом и дает умные советы. Обидно, когда на такую удочку ловятся и менеджеры фитнес-клубов, указывая, что в их фитнес-клубе проходит реабилитация. Когда две трети населения имеют физические ограничения или, как любят говорить инструкторы, проблемы, им легко продать некачественную услугу.

Реабилитация клиентов после травм, клиенток после родов должна проходить под присмотром квалифицированных специалистов, а не просто мальчика или девочки, у которых в дипломе написано – реабилитолог.

Я – сторонник правильных и законных методов увеличения количества и качества предлагаемых услуг. Если для проведения занятий по новым фитнес-направлениям достаточно иметь сертификат, да и этот сертификат – зачастую просто бумажка, на которой что-то напечатано, ведь немногие обучающие центры имеют лицензию на право обучать специалистов, это не так смертельно, ведь новые направления нередко носят характер новинки. А вот реабилитация – это вопрос, напрямую связанный с жизнью человека, и эту тему необходимо передавать медикам, либо действительно дипломированным специалистам.

Поэтому вы можете поискать в своем городе эксперта с медицинским образованием, и совместно с фитнес-тренером разработать программы реабилитации. Но будьте предельно осторожны и правдивы. Не стоит зарабатывать на чужом горе, при условии, что не сможете помочь человеку.

Групповые программы

Самый пикантный и нелюбимый вопрос в контексте увеличения прибыли, ведь очень часто бывает, что залы групповых программ простаивают. Особенно в обеденное время.

Рекомендации по увеличению прибыли:

1. *Новые и модные классы*. Ваши инструкторы, и вы вместе с ними, должны обучаться каждые полгода. Посещать конференции. А самообучением необходимо заниматься каждый день. Клиенты, которые посещают групповые программы, любят новинки – новые классы, новые связки.

Вы должны обновлять расписания групповых программ раз в три месяца. Но чаще – не нужно, это будет просто неправильно.

2. *Персональные тренировки*. Продавать персональные тренировки в групповых программах гораздо тяжелее, чем в тренажерном зале. Во-первых, инструктор тренируется вместе в клиентом, а не сидит всю тренировку на мяче и считает. А это ограничивает инструктора в количестве проведенных тренировок.

Во-вторых, клиентам веселее тренироваться в группе, им нравится динамика и движения. А тут – сам перед зеркалом...

Но это – не повод отчаиваться и не проводить персональные тренировки.

Я сам сталкивался с инструкторами, которые не горят желанием продавать персональные тренировки, начинают искать отговорки – мол, дорого, и вообще, я провожу свои занятия группового характера.

Причины предложить тренировки клиентам групповых программ.

А. Время занятий не соответствует графику тренировок клиентов. Это хороший повод. Ведь под одну клиентку расписание менять никто не будет. Но ей могут предложить персональные тренировки по любимому направлению.

Б. Нужно догнать группу. Предположим, клиентка ходила и тренировалась, потом заболела на две-три недели. Тренер может ей предложить персональные тренировки, чтобы она смогла догнать остальных участниц своей группы.

В. Отработка сложных упражнений. Не все клиенты могут одинаково быстро учиться и запоминать связки или движения. Это хороший повод предложить им пару персональных тренировок.

> **Важно.** Вы можете предлагать клиенту провести изначально две-пять персональных тренировок. Так клиент проще согласится их приобрести. А далее все зависит от мастерства тренера и его умения себя продать и перевести клиента в категорию постоянных.

3. Функциональный тренинг

Эта разновидность фитнес-занятий позволяет инструкторам групповых программ проводить персональные и групповые занятия, используя мощности тренажерного зала. Очень часто это вызывает негативную реакцию тренеров тренажерного зала. Мол, воруют наших потенциальных клиентов. Либо – эти «аэробы» не знают, как правильно тренировать клиентов. А мы вот тут – «супер-пупер качки».

Вам как менеджеру, важна прибыль. Инструкторам тренажерного зала тяжелее проводить такие тренировки. Хотя я всегда стимулирую их осваивать новые направления, получать разрешение на проведение этих тренировок у себя в клубе или непосредственно у менеджера того направления, где инструктор планирует проводить тренировки, зарабатывать себе деньги и приносить прибыль клубу. Это – не царство «тренажерщиков», а бизнес! Не скрою, будучи инструктором тренажерного зала, я часто сам говорил подобные слова. Но когда стал менеджером, понял свою ошибку. Мне стыдно :).

Еще один немаловажный фактор – доверие. Клиент групповых программ спустя три-четыре тренировки начинает доверять тренеру групповых программ. И этому тренеру легче предложить некий тренировочный «микс», например, 30 минут в студии групповых программ, и 30 минут – в тренажерном зале. Но еще раз повторяю – это при условии, что инструктор групповых программ пройдет соответствующее обучение. Я сторонник предоставления качественных услуг, а не тупого заработка быстрых денег. Тем более, что такой заработок будет недолгим и губительным для клуба. Впоследствии вы больше потеряете, чем заработаете.

Вкладывайте деньги в обучение своего персонала, эти инвестиции окупятся.

4. *Детский фитнес*

Писал он нем, и напишу еще раз. Днем в клуб могут ходить детки. Сделайте на этом особый акцент. Не стесняйтесь перекупить или переманить хорошего тренера по детскому фитнесу. Как молодой отец, поделюсь опытом: деток некуда деть. Да, они днем спят. Но после сна с ними некуда пойти. Либо переполненные детские комнаты, либо площадки, которые сносят с такой скоростью, что аж страшно, а на их местах строят большие дома.

Поэтому развивайте детские направления. Ведь на детях не экономят.

5. *Занятия для беременных или женский клуб.*

Выходите за рамки фитнес-бизнеса. Организуйте женский клуб. Клуб успешных девушек или женщин. Обстановку, когда дамы могут в спортивной форме сидеть в зале и обсуждать насущные проблемы, делиться своими успехами и поражениями. Ведь клиенту иногда нужно больше, чем просто фитнес. А так – и потренировались, и потом обсудили наболевшие вопросы. Уверен, что в вашем городе есть коучи и бизнес-тренеры, которые ведут курсы успеха, или учат, как быть успешными. Договоритесь с ними о совместной программе.

Относительно тренировок для беременных. Это — тяжелее и опаснее. Но всегда находятся дамочки, любящие такие тренировки. Найдите или переманите грамотного тренера по этому направлению, с опытом работы и, желательно, со своими детками. И плавно продвигайте эту услугу.

Аква-направления

Важная составляющая работы фитнес-клуба. Обычно бассейн — довольно затратная вещь. Его дорого строить, и дорого содержать. Есть фитнес-клубы, которые хорошо продают услуги тренеров в бассейне. А бывает — просто бассейн, который устроен для красоты, и чтобы собственник там плавал два раза в неделю. Давайте рассмотрим варианты увеличения прибыли аква-направления.

Но перед этим важно уточнить, что все будет зависеть от размера бассейна: чем он меньше — тем меньше у нас вариантов будет. Про бассейны нестандартной формы я молчу. Хотя знаю, что и там ребята выкручиваются и умудряются в бассейнах-ромашках проводить соревнования по плаванию и включают игровые направления. Главное, чтобы хватало фантазии, собственник был вменяемый, и эти идеи не мешали клиентам посещать бассейн.

1. *Персональные тренировки в бассейне.*

Обычно их покупают детям, которых учат плавать. Тренер становится в бассейне в плавательных трусах, и учит ребенка. Хотя со временем ленивые тренеры просто ходят по бортику с таймером и кричат: «Быстрее греби, слабак!» План продажи персональных тренировок

97

применим и к инструкторам аква-направления, но он должен быть меньше, чем у «тренажерщиков». Но все равно персональные тренировки должны быть. Или тренеры будут просто сидеть на бортике с планшетом.

Немало взрослых клиентов не умеют плавать, либо плавают очень плохо, и при этом не умеют правильно дышать. Признаюсь, я тоже не умею плавать.

Когда тренер видит такого «супер-пловца», он может ненавязчиво предложить ему за пару тройку тренировок, поставить технику плавания. Достаточно часто клиенты на это соглашаются. А далее все будет зависеть от тренера по плаванию, насколько грамотно он «зацепит» клиента. За три занятия научить человека плавать практически невозможно.

Несмешной опыт. Вспоминаю свои дежурства возле бортика... Поверьте, отсидеть в бассейне шесть часов – это серьезное испытание: жарко, хлорка. В общем, было очень непросто.

2. *Грудничковое плавание.*
При условии грамотного инсутрктора и специальной ванночки.
3. *Занятия для беременных.*
Как известно, дамы в период беременности испытывают боли в спине. Врачи обычно рекомендуют просто плавать в бассейне. Что вам мешает создать специальную группу для беременных «Пузатики»? И вперед за орденами. Тем более, что, если будущая мамочка сама плавает в бассейне, то потом, с появлениям чада, она к вам – уже с ним.

Существуют специальные тренировки для беременных – облегченный вариант аква-аэробики. Если сможете найти инструктора, хотя проще его обучить, сможете проводить эти классы в воде. Но будьте максимально бдительны к таким особенным клиенткам. Обязательно перед введением класса обучайте своих инструкторов.

4. *Соревнования – клубные и открытые.*

Соревнования особенно любят дети. Ведь для них это – стимул ходить на тренировки. А родителям вдвойне приятно. Вдруг малыш реализует мечту мамы и выиграет грамоту или кубок. Даже просто сам факт соревнований, а тем более победа, – это вообще «радости полные штаны». Если ваш клуб по формату или статусу не может проводить соревнования, не стесняйтесь, кооперируйтесь с другими клубами.

Это позволит проводить тренировки у вас в клубе, а соревнования – в другом.

> **Важно.** Обязательно должно быть награждение, но в детских соревнованиях не должно быть проигравших. Ведь для ребенка вообще ничего не выиграть – это большой удар по самолюбию, и будут слезы. А ведь это не специализированная спортивная школа, а фитнес-клуб. Поэтому победителям – кубки и медали, всем остальным – грамоты и утешительные призы!

Если площадь бассейна позволяет проводить соревнования среди взрослых по игровым видам спорта, можете попробовать проводить и их. Но при условии, что вы заранее предупредите клиентов о том, что бассейн будет занят, и, возможно, компенсируете им этот день. Ведь как только вы вывесите объявление, что бассейн будет закрыт, всем сразу захочется плавать. Проверено.

Единоборства

Если ваш фитнес-клуб оснащен рингом или настилом, это хороший повод проводить соревнования и собирать всю активную молодежь у себя в фитнес-клубе. Обычно эти направления присутствуют в клубе в том случае, когда один из собственников в прошлом был либо боксером, либо борцом, либо бандитом.

Важным элементом успешности бойцовских клубов является тренер – некий Михалыч, такой себе дядька с таймером на пузе. Родители от него в восторге. Он гоняет деток, как рысь кролика. Иногда, правда, он включает в свой лексикон весьма «острые» словечки, этим вызывая восторг у детей. А они потом эти слова используют в школе, а иногда и дома :).

Если у вас нет такого направления, я бы на вашем месте дважды подумал, стоит ли его создавать. Ведь без хорошего тренера это направление не пойдет. Немаловажно, что если вы планируете проводить соревнования городского или областного уровня, обязательно уточните размер ринга и требования к помещению. Поверьте, они очень строгие. Зачастую ринг строят «от фонаря», а потом оказывается, что на нем нельзя ничего проводить. К настилу – такие же требования. Понимаю, что часто есть ограничения, связанные с размерами помещения. Но если делать, то лучше делать качественно, или не делать вообще. Перед тем, как создавать направление единоборств, подумайте, как вы это будете продавать.

В моей практике встречались попытки собственников совмещать социальные инициативы и бизнес. Не стоит скрещивать эти два направления. Мол, ринг для пацанов, чтобы по улицам не шлялись, а клуб – для «мега пацанов», дам им возможность потренироваться. А фитнес – это бизнес.

«Социальные тренировки» и занятия фитнесом нужно проводить либо в разных помещениях, либо никак. У этих идей – разные целевые группы.

Занятия восточными единоборствами можно просто проводить в зале групповых программ, при условии, что у вас в наличии будут маты, и будут защищены зеркала.

Поверьте, культурные менеджеры в кимоно на тренировке ведут себя, как сумасшедшие болельщики на футболе. Детям нравится, да и взрослым тоже.

Игровые направления

Я несколько скептично отношусь к игровым направлениям в рамках фитнес-клуба. Объясню, почему. Зачастую команды играют в футбол раз в неделю, и им покупать карту в фитнес-клуб нет смысла. Они арендуют зал при старом заводе или комбинате. Там обычно есть спортивные комплексы советских времен. Старый мини-футбольный зал или корт. Стоит это недорого. И играют они в футбол по выходным, а в будни играют только профессиональные футболисты. А после обычно нарезаются пива :).

С теннисом – похожая история. Люди играют два-три раза в неделю. Да, это – престижно и чертовски тяжело (вспоминаю, как я бегал за мячиком, как собака).

Зал игровых направлений – достаточно больших размеров, и его необходимо отапливать. Нужно еще учитывать, что товарищи, которые приходят играть, после игры ведут себя просто неадекватно. Речь идет в первую очередь об игровых видах. После футбола тихий юрист ведет себя, как сумасшедший фанат на стадионе, – кричит, бьется о стены головой. Причем все, кто играет, так себя ведут, независимо от того, проиграла или выиграла их команда. Я работал на одном объекте, где был зал для мини-футбола, и арена для зрителей. Мы им сделали специальную раздевалку, в которой все было прибито к полу, убрали все острые крючки. После игры туда было страшно войти, раздавались матерные слова и удары в стенку. Важно: если вы хотите проводить соревнования, необходимо сделать две отдельные раздевалки, ибо команды после игры могут подраться. Не стоит их доводить до греха. Хотя через 30 минут они все вместе будут пить пиво и критиковать власть и женщин.

В подобных залах можно проводить тренировки по большому теннису, бадминтону.

У каждого клуба в плане игровых видов спорта должна быть своя фишка. Проще говоря, одно из направлений необходимо развить максимально сильно. Это позволит вам привлечь всю аудиторию поклонников этого вида.

Важно. Если ваш фитнес-клуб находится в небольшом городе, и у конкурентов есть подобная игровая площадка, не вздумайте себе строить такую же. Клиентов больше не станет. Вы просто располовините существующих.

Последнее время очень моден сквош. Но, как вы знаете, существуют жесткие требования по высоте потолков и размеру залов. Если у вас в городе нет такого направления, можете рассмотреть вопрос его создания, но, как я уже говорил, если вам позволит размер помещения.

Бизнес-процессы

Каждый квадратный метр должен приносить прибыль, или зачем мы вообще тут собрались

Бизнес-процессы в фитнес-клубе – это действия, направленные на получения прибыли. Ваш фитнес-клуб – не социальная служба. Вы, как менеджер, должны увеличивать прибыльность либо всего клуба, либо фитнес-подразделения.

Еще раз повторюсь: все зависит от размеров клуба.

Итак, давайте внимательно рассмотрим бизнес-процессы или направления, которые должны приносить прибыль вашему клубу.

Уверен, вы знаете, что такое вообще бизнес – это любая деятельность, направленная на получение чистой прибыли.

1. Продажа абонементов

Первой и самой большой статьей дохода любого фитнес-клуба является продажа абонементов. Их еще называют клубными картами. Обычно это – от 40 до 65% прибыли предприятия. Эта цифра бывает и больше, причем увеличение прибыли по этой статье обратно пропорционально площади фитнес-клуба. Чем меньше клуб, тем больше ему приносит продажа абонементов, и меньше дохода приносят дополнительные услуги. Если площадь фитнес-клуба не более 500-600 м^2, абонементы, как правило, продают администраторы на рецепции. Очень часто они это делают так отвратно, что их хочется придушить. Хотя их просто нужно обучать и тренировать, а душить надо глупых директоров, которые этого не делают. Если площадь фитнес-клуба уже более 600-800 м² и там несколько этажей, то желательно создать отдел продаж.

Важно. Одной из самый больших ошибок любого фитнес-менеджера является нежелание создать отдел продаж, оправдывая это экономией. Мол, это может делать и администратор. Это сильнейшая ошибка, ведь администратор очень часто бывает занят. Вы на него вешаете телефон, коктейли, расчет клиентов и продажи новых абонементов. Даже если их двое, и у вас 600 м², тренажерный зал и пара студий, то после 17:30 в будни у ваших администраторов – полный дурдом. Если вы возьмете еще двух девочек с графиком работы «2 через 2» и назначите им зарплату – ставку и процент от объема продаж абонементов, это увеличит вашу прибыль на 15-30%. Попробуйте!

Если в клубе есть отдел продаж, то обычно он подчиняется генеральному директору или руководителю отдела продаж. Если в вашем клубе они подчиняются непосредственно вам, я дам пару рекомендаций по работе этого департамента. Ведь от его эффективной работы зависит вся прибыль клуба, точнее ее большая часть.

Рекомендации по работе отдела продаж

1. В отделе должен быть старший. Он может быть простым менеджером, но среди нескольких менеджеров должен быть старший, который мало того что формирует отчеты всех своих починенных, но еще и выполняет план по объему продаж.

2. За выполнение плана должна быть назначена хорошая премия, при перевыполнении она должна быть больше и стимулировать ваших сотрудников. А если они

план не выполняют, их нужно штрафовать, причем сразу. Отговорки, что у нас плохой месяц, пусть оставят для налоговой и собственника помещения, если вы его арендуете. А им, как вы знаете, все равно, какой у вас месяц.

3. План объема продаж может быть личный и общий. Важно стимулировать их к командной работе. Желательно план ставить в цифрах, а не в абонементах. Чтобы они стремились продавать дорогие карты, а не гоняться за месячными товарищами, если у вас есть такой формат карт.

4. На первом этапе отдел продаж будет совмещаться с отделом сервиса, или, точнее, с отделом сопровождения клиентов. В каждом клубе есть своя статистика, сколько клиентов должно быть на одном сотруднике. То есть, сколько клиентов каждый менеджер должен сопровождать, заниматься решением их проблем и продлением карт. В каких-то клубах это – 150, в каких-то – 200. Напишите мне на почту, и я вам подскажу, как решать этот вопрос. Придумывать формулы или правила не стоит. Но вы должны работать не только на продажи и привлечение новых клиентов, чрезвычайно важно работать на удержание существующих, а это – два разных направления.

5. Менеджеров по продажам надо обучать. Если в вашем городе есть менеджеры по продажам фитнес-услуг с опытом работы на аналогичной должности, вы можете столкнуться с одной проблемой. Они перенесут правила работы своего клуба в ваш. Будет мини-копия их предыдущей работы. К сожалению, обычно переносят не только хорошие навыки. Поэтому рекомендую строить этот отдел с нуля. Брать неопытных девочек или мальчиков – неопытных в плане фитнес-индустрии – и обучать их всем премудростям работы фитнес-продавца.

Говоря о продаже абонементов, вы должны стимулировать всех сотрудников к тому, чтобы карты продавали все. Если появляется отдел продаж, то сотрудники других департаментов перестают заниматься базовым информированием клиентов, ссылаясь на то, что это не их функция и они за это не получают деньги. Это – ошибка, ведь продажа карт – это основной источник дохода, и часто тренер или администратор может быть более близким к клиенту, чем менеджер. Особенно это касается персональных тренеров. Это – доверенные люди клиентов, которые через шесть месяцев становятся практически родственниками своих подопечных. Если персональный тренер будет проводить информирование своих клиентов, предлагая им продлить клубную карту, они гораздо быстрее согласятся, нежели если те же слова и предложения будут исходить от незнакомого менеджера по продажам.

Очень важно, чтобы отдел продаж грамотно выстроил работу с администраторами рецепции и персональными тренерами. Все сотрудники должны друг друга дополнять и поддерживать. Ведь у них общая цель: заработать денег и помочь клиенту.

Я – противник широкого выбора клубных карт, ведь с точки зрения маркетинга, большой выбор отбивает желание покупать и вызывает сомнение: «а правильный ли я делаю выбор?»

2. Продажа персональных тренировок

Следующим разделом по доходности является продажа персональных тренировок. Обычно продажей этой услуги занимаются непосредственно тренеры тренажерного зала, групповых программ, аква-направления и единоборств. Львиную часть персональных тренировок продают и проводят в тренажерном зале. Причем проводят даже инструкторы смежных направлений, объединяя со своим профилем. Тут не поспоришь. Ключевой проблемой продаж такой услуги является отсутствие первичного предложения со стороны администратора или менеджера по продаже.

Обычно бывает так: клиент купил карту. Менеджер или администратор говорит ему: «вот тут — раздевалка, вот бассейн, вот тренер». Все. Клиент приходит в клуб, и администратор ему просто выдает ключик, не задавая никаких вопросов. Клиент заходит в тренажерный зал, как иностранец на наш рынок: глаза испуганные, что происходит — не понимает, как включать дорожку — не знает.

Это в корне неправильно. Необходимо, чтобы администратор обязательно «продавал» тренера. Когда клиент впервые приходит в клуб, администратор обязан еще раз напомнить о правилах посещений клуба, предложить пройти ознакомительный инструктаж, если он предусмотрен клубной картой. Возможно, провести в зал и познакомить с тренером или просто позвать свободного дежурного тренера, который «подхватит» новичка. Знаю примеры, когда тренеры подкупают администраторов шоколадками и подарками, чтобы они рекомендовали именно их как персональных тренеров. Такая связка работает, хоть и создает проблемы другим тренерам — «антикоррупционерам».

Важно. Когда клиенту услугу рекомендуют смежные специалисты, это вызывает больше доверия, чем сама реклама исполнителя. Но исполнитель тоже должен не забывать себя «пиарить».

У каждого сотрудника в каждом департаменте должен быть план продажи персональных тренировок. Не менее важным пунктом является статистика связки «инструктаж – продажа тренировок».

Что такое инструктаж, объяснять не надо?

Все таки еще раз внесу ясность в этом важном для продаж персональных тренировок вопросе.

Ознакомительный инструктаж – это небольшая персональная тренировка, а не демонстрация тренажеров. Это правило вы можете написать и повесить в раздевалке вашего персонала. Инструктаж – это возможность попробовать, как будет проходит персональная тренировка. Хоть по правилам он и длится около 30 минут, признаюсь, что я всегда свои инструктажи проводил дольше положенного времени, и проводил их как персональные тренировки. Когда клиент может попробовать, ему проще принять позитивное решение о покупке услуги. Поэтому вы должны донести эти правила до своих менеджеров и инструкторов. Ведь вы все заинтересованы в продаже персональной тренировки. Затем вам следует внимательно анализировать отчеты и следить за статистикой покупки персональных тренировок после ознакомительного инструктажа. Ведь у каждого тренера есть свои данные по проценту покупки персональных тренировок после инструктажа. Парадокс заключается в том, что записывать на инструктажи, с точки зрения бизнеса и прибыли, нужно к тренерам, которые хорошо продают свои услуги после инструктажа.

Важным элементом продажи персональных тренировок является многократный повтор своего предложения с промежутком в пару месяцев. Если клиент вам отказал один раз, это не является поводом не предлагать ему свои услуги через месяц.

Только настойчивым покоряются моря и продажи персональных тренировок.

Ваши тренеры не должны стесняться подходить к клиентам и предлагать свои услуги.

Задание

Можете с ними провести очень простую игру. Разменяйте мелких денег и попросите каждого инструктора пойти и раздать эти деньги возле вашего фитнес-клуба. Важно, чтобы тренер не сообщал, что это такое задание, а придумал причину, почему он дает эти деньги простым прохожим. Это задание поможет вашим тренерам оттачивать навыки установления первого контакта и навыки убеждения.

Вы должны ставить планы продаж персональных тренировок. Для тренажерного зала они должны быть в два раза больше, чем в групповых программах и бассейне.

Что-то вроде, «если в течение трех месяцев ты не проведешь сто персональных тренировок в тренажерном зале, тебе у нас не работать». Может, не так грубо, и не такое количество, но суть остается той же. Единственное правило: соблюдайте субординацию и работайте со своими инструкторами только через старшего тренера или менеджера подразделения. Не стоит перепрыгивать через него. Если есть поручения или вопросы к инструкторам, обязательно эти вопросы надо озвучивать их непосредственному начальнику.

Очень важным вопросом в продаже персональных тренировок является ситуация, когда клиент прошел инструктаж, но не стал покупать персональные тренировки. Часть инструкторов сразу забывают о таком клиенте, типа у него нет денег, чего я буду тратить свое время на такого человека. А другая часть начинает окучивать таких клиентов, они всегда здороваются, спрашивают, как дела, страхуют, иногда даже подбрасывают новые упражнения и плавно завоевывают доверие такого клиента. Бывает, что период тренерских «ухаживаний» длится три-пять месяцев, и потом клиент сам предлагает персонально тренироваться. Поэтому никогда не сдавайтесь и не давайте возможность опустить руки вашим сотрудникам, просто клиентам надо больше времени на принятие решения. Но в течение этого времени он должен получать внимание тренера, хотя бы базовое.

Каждый из сотрудников должен стремиться провести как можно больше тренировок

3. Коммерческие классы

Проведение классов, которые не входят в стоимость клубной карты, за дополнительную плату. Обычно эта услуга вызывает недоумение у клиентов. Коммерческие классы актуальны больше в клубах с главной клубной картой в эконом- или бизнес-сегменте. Иногда приходится прибегать к коммерческим классам, когда клиенты начинают ходить на все занятия подряд. Ну вот бывают такие «дикие» клиенты, которые хотят посетить все занятия. «Отбить» карту. В начале работы клуба использовать коммерческие классы не следует, ведь нужно «подсадить» клиентов на тренера и на время тренировок. Обычно коммерческие классы я рекомендую вводить после шесть месяцев работы клуба. Как правило, коммерческие классы ставят на самое ходовое время. Или за класс для более высокого уровня подготовки клиентов. Это – небольшие деньги, 1-3 доллара. Это – не супер-прибыль, но тоже вариант дополнительного дохода для клуба. А еще – важный инструмент регулировки количества тренирующихся в зале групповых программ, ведь вы не можете сказать клиенту: «не ходи на этот класс, тут и так много народу».

4. Продажа рекламных плоскостей

Очень неплохой источник дополнительного дохода для фитнес-клуба.

Вы можете за деньги ставить «растяжки» при входе в клуб. При условии, что рецепция большая и эта растяжка не будет мешать входу других клиентов.

Вы можете вешать плакаты на территории клуба. Я бы даже под этот вид рекламы отвел специальное место в клубе.

Еще можно показывать рекламные видео-ролики на телевизорах. И использовать обратную сторону двери ящика в раздевалке. Все эти плоскости могут приносить вам дополнительный пассивный доход.

Также вы можете продавать баннер у себя на сайте. Но делать это надо красиво и не сильно навязчиво.

Я бы на вашем месте сформировал прайс-лист на внутреннюю рекламу. С указанием количества клиентов, их возрастной группы, уровня дохода. Имея такие первичные данные, потенциальные рекламодатели смогут проще принять решение о размещении.

Если у вас клуб более 500 м^2, вы можете неплохо зарабатывать на рекламе.

Единственная просьба: на пускайте в качестве рекламы лекарства и таблетки. Это неправильно с точки зрения восприятия клиентов. Хотя медицинские компании обычно хорошо готовы платить. Но репутация дороже денег.

5. Аренда студий

Аренда студий – это «розовая мечта» всех фитнес-менеджеров. Ведь днем студии обычно пустуют. Возникают идеи, как бы эти студии использовать. Из моего опыта, днем вы можете сдавать студии под мероприятия модельных агентства, либо под детские занятия, при условии, что у вас нет своих. Только помните, что на каблуках по студии ходить нельзя. А иначе такая аренда будет стоить вам нового покрытия на пол. Актуальной является услуга постановки свадебного танца. Вы просто находите в интернете такие агентства, и предлагаете им свои студии.

Об идеальном заполнении персональными тренировками с тренерами по единоборствам и групповых программ приходится только мечтать. Хотя ставить такую цель надо.

Если у вас большие (более 80-100 м^2) студии, рассмотрите возможность сдачи их под тренинги и семинары, если размещение студий позволяет проведение подобных мероприятий без ущерба для остальных клиентов. Еще можно переговорить с школами иностранных языков. Курсы можно проводить, сидя на фитболах. А «запартнериться» с ними можно на почве совместной скидки: удобно ведь, поучился языку, и сразу пошел тренироваться. Это, в добавок ко всему, оригинально.

Пробуйте.

6. Продажа спортивного питания

После заполнения студий групповых программ это — второй больной вопрос. Ведь продавать спортивное питание хотят абсолютно все фитнес-клубы. Обидно, что получается не у всех. Я регулярно провожу обучение администраторов и тренеров по вопросу продажи спортивного питания. И сталкиваюсь с одними и теми же проблемами.

Продавать спортивное питание нужно, ведь для клиентов, тренирующихся в фитнес-клубе, спортивное питание — необходимая дополнительная услуга. Если клиент хочет добиться быстрых результатов, без пищевых добавок и витаминов ему не справиться. Правда, наше общество до сих пор путает спортивное питание и стероиды, ведь недалекие журналисты, пишущие свои лживые публикации, путают все подряд. И клиенты, приходя в фитнес-клуб, сразу скептически относятся к спортивным добавкам.

Поэтому администратору и тренеру приходится перебарывать клиента, вступая в неравный спор с журналом или публикацией, которую прочитал клиент. Скажу честно, это тяжело. Ведь авторитет у журнала, по мнению клиента, гораздо выше, чем у тренера и тем более администратора.

Помните: спортивное питание надо брать только под реализацию.

Рекомендации по продаже спортивного питания:

1. *Грамотно оформленная витрина.* Я не буду читать лекции по мерчандайзингу, но от грамотно оформленной витрины со спортивным питанием зависит, увидит ли клиент товар. Обычно витрину ставят за спиной администратора, либо возле рецепции, реже ставят в коридоре возле входной группы, либо в тренажером зале. Обидно, что эти витрины слабо подсвечиваются и совсем на привлекают внимание. Питание должно привлекать внимание.

2. *Знание товара и его качеств.* Все администраторы и фитнес-тренеры должны знать, какое спортивное питание продается в клубе. Какие марки питания и его разновидности представлены на витрине. Знать, для чего именно необходимо принимать одну добавку, а для чего пить эти вкусные коктейли.

3. *Администраторы и тренеры должны иметь план продаж спортивного питания.* Звучит это не совсем приятно, но без плана продаж очень тяжело будет достичь желаемого результата. Каждый сотрудник должен работать на общий результат. Поэтому план по продаже спортивного питания — нормальный инструмент прибыльности фитнес-предприятия.

4. *Тренеры должны продавать питание своим*

клиентам, получая хороший бонус. Очень часто тренеры продают питание своим клиентам втихаря. Утверждая, что клиенты не употребляют питание. А на самом деле тренеры имеют большую скидку у поставщиков питания. У них (тренеров) возникает резонный вопрос: зачем продавать питание клуба и получать 5%, когда можно продавать свое собственное и получать 25-30% с каждой банки. Это — повод задуматься для директоров и менеджеров.

Я часто сталкиваюсь с подобной проблемой в своей работе. Стараюсь ее решать с помощью выхода на прямых поставщиков, которые могут предоставить самые большие скидки при продаже спортивного питания. Это дает возможность предоставлять нормальные бонусы сотрудникам за продажу.

5. Регулярно обучать продажам весь персонал и прописывать скрипты (алгоритмы по продажам). Персонал надо обучать продажам минимум раз в 6 месяцев. Ведь вы им должны дать инструмент, с помощью которого они будут продавать. Персонал необходимо учить, а информацию, которую предоставляет поставщик питания, можно получить из соответствующих буклетов, которые не учат, а просто рассказывают, что входит в состав. Не хочу обижать поставщиков, но большинство так делают. Надеюсь, они будут исправляться и больше времени уделять обучению своих партнеров именно продажам.

7. Продажа воды

Очередной любимый и сложный вопрос дополнительных статей дохода клуба. Часть директоров и собственников под натиском клиентов и клубов конкурентов ставят кулеры и раздают воду бесплатно. Если ваши основные конкуренты делают так же, такой ход может быть оправдан. Особенно, если ваш клуб работает в премиум-сегменте, где высокая стоимость клубных карт. В остальных случаях я рекомендую продавать воду на рецепции или в баре. Ведь тут работает простая математика: если вы поставите кулер, будете платить ежемесячно деньги, а если будете продавать воду, то платить будут вам. Часть клиентов будет приходить со своей водой. Эта схема плохо работает еще и из-за того, что возле вас есть киоск или супермаркет. Хотя, если вы грамотно договоритесь с поставщиками воды, они и холодильник бесплатно поставят (при условии, что вы туда не будете ставить напитки конкурентов и класть творожок тренеров). И цены сделают нормальные. Вы сможете выставлять на продажу воду по цене, как в супермаркете, и у клиентов отпадет желание идти в магазин.

План на продажу воды ставить не обязательно :).

8. Аренда полотенец

Аренда полотенец набирает свои обороты в плане популярности и доходности как дополнительная услуга. В больших премиум-клубах использование полотенец входит в стоимость клубной карты. В остальных клубах эта услуга либо есть, либо нет. Основная проблема с арендой полотенец — где их стирать, и сколько эта затея может стоить. Если клуб слишком маленький, то можно рассмотреть вариант со специальной компанией, которая может помогать в стирке, это будет стоить дороже, чем если вы сами решите проблему и разместите у себя стиральную машину и сушилку. Но, правда, эта статья доходов добавит работы уборщицам. Они не будут слишком счастливы. Но что только не сделаешь, чтобы клиент был доволен, а собственник клуба больше зарабатывал.

Вы можете давать полотенце в аренду за символическую плату. Важно помнить, что качество полотенца и стоимость его аренды зависит от количества стирок. Поэтому для аренды полотенец рекомендую не жадничать и покупать недешевые варианты. А то пара стирок, и полотенце можно будет использовать как тряпку для ночной влажной уборки.

Некоторые фитнес-клубы предлагают купить у них полотенце. Возможно, и такая услуга пользуется успехом, но проще продать клиенту пару недорогих услуг, чем одну дорогую. Поэтому можете предлагать как продажу, так и аренду полотенец. Но сами клиенты говорят, что им проще арендовать полотенце, чтобы не стирать и не сушить его дома. А некоторые клиенты просто забывают вынуть мокрое полотенце из сумки, и там происходит авария. Рекомендую обратить внимание на эту услугу.

9. Продажа формы и одежды

Продажа одежды – «голубая» мечта собственников фитнес-клубов. Причем все думают, что если у них есть фитнес-клуб, то клиенты туда приходят голыми и босыми, и планируют покупку клубной карты вместе одеждой. К большому сожалению, когда клиенты планируют посещать фитнес-клуб, они обычно покупают новую спортивную форму заранее, либо достают с балкона форму и те кеды 80-х, в которых еще в школе бегали. Речь идет, конечно, о мужчинах. А вот дамы собираются в фитнес-клуб по-другому: сегодня я покупаю кроссовки, потом мучаюсь и бегаю по магазинам, чтобы подобрать к кроссовкам футболочку и шортики. Купив все выше перечисленное, потенциальный клиент начинает поиски фитнес-клуба, так сказать, с упакованной сумкой спортивного инвентаря.

Поэтому на рецепции клиенты вряд ли будут покупать себе одежду, это возможно при условии, что они что-то забыли дома. Скажу больше: работая фитнес-тренером, неоднократно давал свои запасные штаны и футболки своим забывчивым клиентам, ведь ради проведения персональной тренировки тренеры готовы на все.

Я рекомендую продавать футболки, их чаще всего забывают. С логотипом клуба.

Если на рецепции есть место под потенциальный магазин спортивной одежды, проще это место сдать в аренду понимающим в этом бизнесе товарищам, так будет выгоднее и спокойнее.

10. Аренда помещения под магазины

Если вы собственник или директор большого фитнес-клуба, и у вас есть места, которые нельзя использовать под разные фитнес-направления, вы можете сдавать эти площади под магазины. Естественно, тематически связанные с деятельностью фитнес-клуба. Единственная просьба: когда формируете стоимость квадратного метра под аренду, не стоит перемножать среднюю цену по городу на количество проданных абонементов в клубе. Часто встречаю стоимость аренды в фитнес-клубе, как в торговом центре премиум-класса. И это при том, что посещаемость там в десять раз меньше, чем в ТЦ. Поэтому формируйте стоимость своего квадратного метра адекватно.

11. Проведение соревнований (для больших клубов) и ивент-мероприятий

В больших клубах можно спокойно проводить городские или районные соревнования – по плаванию (если бассейн построен в соответствии с требованиями), по боксу (если ринг построен по нормам). Не буду вдаваться в подробности, но если вы планируете проводить соревнования по направлениям, это желательно учитывать перед тем, как открывать фитнес-клуб. Ведь нарушения норм, размеров и требований могут свести на нет все ваши желания.

В данном случае я не говорю о внутренних соревнованиях, речь идет об аренде ваших площадей городу или федерации. Знаю, что такие мероприятия не сильно нравятся клиентам клуба, ведь они заплатили за клубную карту в надежде плавать три раза в неделю, или ходить на бокс, а тут бац – соревнования.

Важно. Если вы планируете соревнования в своих клубах, грамотно это отобразите в договорах с клиентами на предоставление услуг. И обязательно заранее сообщайте о проведении соревнований и неработающем бассейне путем личного оповещения при визите клиента, SMS или e-mail-рассылки, если клиент давно не был в клубе. Но по «закону подлости» он придет именно в тот день, когда будут проходить соревнования.

Вообще вопрос заработка на подобных мероприятиях очень спорный. Ведь вы можете потратить много усилий на поддержание чистоты и компенсацию всем клиентам. Но, на мой взгляд, для привлечения потенциальных клиентов такие события себя оправдывают. Но не забывайте, что после события, которое вы провели, нужно обязательно провести анализ, сколько заработали, сколько потратили, сколько довольных, сколько недовольных, сколько новых клиентов купили абонементы.

Организация работы с клиентом в небольшом клубе. Совмещение функций рецепции, отдела продаж и сервиса

Собирая материал для книги, я хотел затронуть все вопросы работы фитнес-клубов, в том числе и маленьких фитнес-клубов с площадью до 500 м^2. Ведь специфика работы в таком клубе отличается от работы многотысячников.

В маленьком клубе нет возможности иметь слишком большой штат сотрудников. В маленьком фитнес-клубе директор выполняет функции управляющего, маркетолога, руководителя отдела продаж и фитнес-директора в одном лице.

Скажу откровенно, это очень сложно. Хотя со стороны может показаться наоборот. Открывая маленькие клубы, я часто сталкивался с ключевой проблемой работы – организацией рецепции.

В тренажерном зале все более-менее понятно: есть инструкторы, есть старший инструктор. Все работает так же, как и в большом клубе, за исключением стоимости дополнительных услуг и разнообразия оборудования. В групповых программах – та же ситуация, меньше размеры классов и количество клиентов на классах.

Не буду вдаваться в подробности концепции клуба, его позиционирования. Отмечу лишь, что клубы небольшого размера должны находить свою нишу, причем они могут быть как эконом-формата, так премиум-уровня.

Мне хотелось бы обратить внимание на работу рецепции, ведь ключевое отличие работы клуба небольшого формата от крупного – именно в работе администраторов.

Администратор, который находится на рецепции, не может встать и показать клиенту клуб. А, стоя за стойкой, они обычно рассказывают полную ерунду. Да, мне приходится регулярно обучать администраторов. После обучения они пару месяцев говорят заученные скрипты приветствия и улыбаются. Но потом лень побеждает, и с каждым разом они все меньше и хуже отвечают и рассказывают клиентам. А клиент должен видеть, что он покупает.

Пример

Открывая один клуб в Западной Украине, я столкнулся с проблемой школьников. В 16:00 в клубе площадью 565 м^2 находится восемдесят школьников.

Администраторы эти часы работы шутя называют «счастливые часы» – поток такой, как в метро в час пик. И представьте, что в это время, когда администратор меняет карточки на ключи, делает коктейли и принимает оплату, приходит новый потенциальный клиент.

Он не получит никакого внимания, и реклама, на которую вы тратите деньги, не принесет прибыли и новых клиентов. Скажу больше, я применил систему работы двух администраторов, но все равно им очень тяжело справиться с таким потоком.

Поэтому при нормальном потоке клиентов не смейте экономить на администраторах или менеджерах. Вы просто больше потеряете.

Клиенты любят внимание и заботу. В большом клубе их «облизывают» менеджеры по продажам, сервис-менеджеры. А в маленьком?

В небольшом клубе администраторам иногда приходится совмещать в себе сразу три позиции – собственно администратора, менеджера по продажам и сервис-менеджера. И это при том, что заработная плата может не сильно отличаться от зарплаты простого администратора за исключением процента от продаж или продления клубных карт.

Руководствуясь своим опытом, я всегда стараюсь создавать отдел продаж. Даже если в клубе просто нет места, куда посадить его сотрудников. Наблюдая за неэффективной работой небольших клубов, я давно сделал вывод: такие клубы будут лучше работать, если добавить двух менеджеров по продажам. Больше не нужно. С графиком работы с 12:00 до 20:00 или до 21:00 два дня через два. И все. У них может быть ставка плюс процент от продажи клубных карт. Вы можете разделить эти проценты между администратором и менеджерами. А то, если администраторам отменить процент от продажи карт, они даже вставать, когда клиент заходит, не будут. Материальная мотивация рулит. Просто 0,5% каждому от суммы продаж всех клубных карт – и все.

Мне часто приходится исправлять работу небольших клубов. Их не так дорого открыть, но не так просто ими управлять, как кажется. Да, есть сетевые клубы, которые уже выработали путем проб и ошибок систему работы. Для небольших клубов, которые только начинают работу, эта система пока не доступна.

Важно. Запомните, дорогие собственники небольших фитнес-клубов: то, что работает у других, может не заработать у вас. Иногда бизнесы бывают уникальны, как и их успех.

Скептики могут сказать: зачем заморачиваться? Можно просто сделать график работы администратора по половине дня с 7:00 до 15:00, но с 15:00 будет выходить два администратора, и все проблемы решены. Можно. Это уже лучше, чем просто администратор, который, как человек с десятью руками, пытается сделать все сразу.

Просто когда есть менеджеры по продажам, можно четко разграничить их обязанности, и, самое главное, клиент не останется без внимания и заботы. Ведь помните, что клиент в ваш фитнес-клуб приходит не только за услугой, но и за вниманием.

Еще раз повторюсь: самым главным в фитнес-клубе любого формата и размера является клиент. Если клиент не чувствует внимания, он поменяет фитнес-клуб.

Работа администратора в небольшом клубе может быть совсем незаметна, но финансовые показатели будут говорить об обратном.

Вы также можете просто ввести должность старшего администратора, который и будет тем самым менеджером по продажам. У него будет так называемая средняя смена по будням и выходные в выходные дни. Но после 15:00 просто необходимо наличие четырех рук на рецепции. Как я люблю говорить: всем нравится считать свою прибыль, а подумайте, сколько вы не заработали из-за того, что администратор был занят, не смог взять трубку, сделать коктейль или рассказать о клубных картах, и вам или вашему инвестору станет дурно.

Маленькие клубы обычно имеют локальный характер бизнеса, обслуживая клиентов в небольшом радиусе, поэтому репутацию, которую вы формируете при помощи обслуживания, необходимо беречь. Если знакомые клиентов вашего клуба будут недовольны, то клубу будет очень тяжело. Гораздо приятнее слышать отзывы типа «у вас такие приятные администраторы, такие вежливые и всегда улыбаются, к вам хочется приходить снова и снова». Такие похвальные слова нужно заработать, и работать для этого каждый день.

Фитнес-студии

Хочу уделить отдельное внимание работе фитнес-студии, ведь в последнее время такой вид фитнес-бизнеса набирает обороты или второе дыхание.

Фитнес-студия – это помещение, состоящее из одной или нескольких комнат или студий, где проводят групповые и персональные занятия по аэробным и силовым направлениям.

К моему большому сожалению, этот вид бизнеса абсолютно никем не контролируется. И часть клиентов иногда страдает от неквалифицированной фитнес-услуги и безграмотного тренера.

Но не будем о плохом. Фитнес-студии начинали свою работу в основном с направления йога. Для проведения базового занятия необходим минимум оборудования и тишина. Именно тишины иногда не хватает в больших фитнес-клубах. Ведь в тренажерном зале гремит музыка, а в соседней студии идет занятие по степу, и все в зале подпрыгивает.

Необходима простая раздевалка со всеми удобствами и семейный подход.

Далее стали появляться студии пилатеса. Это направление стало мегапопулярным и революционным. Пилатесом стали называть все подряд. Даже простая утренняя зарядка стала пилатесом.

Затем открывались студии со смешанными направлениями – степ, аэробика, пилатес, восточные танцы и силовые занятия. Потом стали открывать кроссфит-студии и студии для занятий на специализированных тренажерах.

Очень часто собственником студии выступает тренер, который был обижен руководством клуба и решил открыть свое дело, сманив своих клиентов из фитнес-клуба. У каждого своя история. Я ни в коем случае не осуждаю.

Фитнес-студия – это локальная услуга, которая обеспечивает потребности домов в радиусе 5-7 км, в зависимости от их расположения.

Я очень рекомендую размещать подобные студии в спальных районах.

Утром вы сможете проводить занятия для работающих, днем – для маленьких детей и их мам. А вечером – для менеджеров и бизнесменов :).

Самой большой сложностью организации работы таких студий является их наполнение в неходовое время.

Опасностью становятся большие клубы рядом. Ведь студии, как правило, арендные, и за них требуется платить. А с клубами сильно не потягаешься. Там и оборудование разнообразнее, и цены могут быть ниже. Так что вопрос качественного сервиса в фитнес-студии вдвойне актуален.

Я неоднократно беседовал с девушками, которые брали себе такие студии, и они откровенно говорили мне, что это очень тяжело. Особенно, если до этого ты работал на тетю или дядю, и получал зарплату в конце месяца, а теперь работаешь сам на себя и в конце месяца ты сам платишь зарплату.

Рекомендации

Если у вас есть непреодолимое желание открыть фитнес-студию, я бы не вашем месте обязательно скооперировался с еще двумя-тремя инструкторами. Во-первых, это минимизирует риск. И поможет сразу наполнить студию людьми. Во-вторых, упростит процесс оплаты аренды. Ведь вы будете ее делить на троих. Хотя знаю, что и такие фитнес-союзы разваливаются. Но первое время это лучше, чем самому за все платить. Вы можете поработать вдвоем с напарником, а потом открыть каждый себе студию.

Да, в таком фитнес-союзе есть и свои подводные камни. Вы должны все свои обязательства прописать на бумаге. Ведь разногласия рано или поздно будут, а написанное на бумаге тяжело будет оспорить. А то мы такие друзья, а как дело до оплаты, то дружбы и не было. Как говорится, хочешь мира – готовься к войне.

Советы
1. Перед тем как открывать студию, обязательно проанализируйте место, в котором планируете ее открывать.
2. Подготовьте хотя бы минимальный бизнес-план. Затратная часть и доходная часть. Все сразу считают, сколько они заработают. И вашу затратную часть смело умножайте на полтора :)
3. Обратите внимание на залы, и подумайте, сколько людей сможет одновременно тренироваться.
4. Продумайте вопрос с удобствами.

Управление фитнес-студиями
Управление фитнес-студией имеет свои особенности. Во-первых, вопрос администратора, ведь нагрузка у такого сотрудника будет гораздо меньше, чем у администратора полноценного фитнес-клуба. Сразу возникает вопрос оплаты и функциональных обязанностей.

Часто берут девочку-студентку, ведь часть времени собственник-инструктор будет сам сидеть за стойкой.

Хотя, из моего опыта, собственник-инструктор там будет жить первые два-три месяца. Возможно, даже пять-шесть месяцев. Пока не выйдете «в ноль».

Я рекомендую сделать заранее агрессивную рекламную компанию для студии. Придумать свой авторский класс или направление. Грамотно работать с инструкторами, которые будут работать в студии. Из моего опыта, двое из троих инструкторов сдаются и закрывают свои студии. Да, это печально, но без этого никак. Это – бизнес. И я настойчиво рекомендую инструкторам как можно больше обучаться перед тем, как самостоятельно что-то открывать.

> **Важно.** Не смотрите на подобные примеры в своем городе. Иногда они бывают неповторимы. Либо там супер-место, либо очень хороший персонал, либо очень грамотный собственник.

В студиях собственнику приходится выполнять многие функции большой команды, да еще и проводить свои классы и персональные тренировки. Собственник, он же менеджер по продажам и продвижению клуба, он же пиар-директор и бухгалтер. Часть этих функций перекладывают на плечи администратора, либо активных инструкторов.

Большим везением в работе фитнес-студии станет грамотный подбор администратора. Ведь от работы вашего сотрудника будет зависеть многое.

Большое внимание в фитнес-студиях уделяется личности собственника и тренеров. Если собственник – сам тренер. Ведь фитнес-студии – это как мини-кафе, где уютно, и бармен всех посетителей знает в лицо, что очень сильно подкупает. Плюс локальность. Я сам пару раз был свидетелем, как в фитнес-студии приходили в тапочках. В некоторых фитнес-студиях при входе размещают диван и кофе-машину, и после тренировки клиенты могут попить кофе. Этого нет в больших фитнес-клубах – уюта, теплоты и внимания.

Тренерский состав в фитнес-студиях зачастую работает и в других клубах. Но, на мой взгляд, тренеры в фитнес-студиях должны быть более харизматичными, чем в больших клубах. Ведь в студии все изъяны тренера более заметны. Иногда инструкторам в небольших студиях платят больше, чем в громадных фитнес-клубах.

Если вы выбираете себе новый формат, или планируете ввести новую услугу, делайте это, анализируя рынок. Я бы не делал моностудии, например студии по работе с пилонами. Студия должна быть многофункциональна, потому что набрать людей в группу гораздо легче, имея широкий спектр предлагаемых услуг.

Дети в фитнес-студии

Я уже несколько раз тут повторяю этот тезис: на детях не экономят, и деток некуда деть. Бывают районы или массивы, где много детских школ и студий, а бывает, что нет вовсе. Плюс преимущество студии – в ее локальности. Родителям не нужно везти ребенка через весь город. Детский фитнес многие путают с гимнастикой. Да и пусть, это все равно лучше, чем ребенок будет сидеть перед телевизором и планшетом. Вы можете и должны придумывать авторские классы с оригинальными названиями для деток. Начиная от двух лет. Правда, если у вас нет опыта преподавания, я бы не спешил такие классы вводить. Поверьте мне как молодому отцу: один ребенок двух лет – это как десять теток. Но видеть, как они с радостью (я про деток) бегают по студии, доставляет большое удовольствие.

Обратите внимание, что если у вас есть колонны, их нужно обязательно зашить. Поверьте, в первый же день об колонну ударится ребенок. Не менее осторожным нужно быть с зеркалами.

Важно. Делайте комплексные абонементы. Для мамы или папы плюс детка – дешевле.

Когда станете родителями – вспомните мои слова :).

Собрание в фитнес-клубе

На мой взгляд, собрание – важный инструмент работы менеджера фитнес-клуба. Знаю многих скептиков, которые проводят собрания раз в год, да и то это больше напоминает выступление партийного лидера, который «задвигает» нудный текст, и половина коллектива засыпает через 5 минут.

Считаю, что собрания необходимо проводить регулярно, и чем больше фитнес-клуб, в котором вы работаете, тем важнее эти собрания. Ведь с помощью этого менеджерского инструмента вы можете сразу решать два вопроса – заниматься командообразованием и решать текущие вопросы.

Собрание – организованная встреча с сотрудниками, в ходе которой происходит информирование, принятие решений и обсуждение каких-либо вопросов.

Тип собрания	Цель собрания
Собрание для обсуждения текущих проблем	Определение существующей проблемы Общая выработка решения проблемы Назначение ответственных за решение проблемы

Собрание для принятия решения	Озвучивание вопроса, по которому должно быть принято решение Выработка альтернативных вариантов решения Процесс принятия решения: единодушно, голосованием или ориентируясь на мнение отдельных людей Назначение ответственных за реализацию решения
Собрание для передачи информации	Информирование об изменениях, новостях и т.д. Обмен мнениями по тому или иному вопросу Публичные отчеты Предоставление коллективной обратной связи
Неформальное собрание	Спонтанно инициированное общение на нерабочие темы Получение представления об уровне мотивации сотрудников Введение в курс дела по нерабочим моментам жизни сотрудников, которые так или иначе могут повлиять на их работу Получение информации об атмосфере и настроениях в коллективе в целом

Собрание нужно проводить, если...

• Вы нуждаетесь в информации или совете, который вам могут предоставить сотрудники.

• Вы хотите, чтобы ваша команда приняла участие в принятии решения или обсуждении проблемы.

• Вы хотите поделиться информацией, поставить коллектив в известность о конкретной ситуации или четко показать свою позицию по тому или иному вопросу.

• Вы имеете дело с проблемой, которая требует рассмотрения с разных точек зрения.

130

- Вы считаете, что нужно четко объяснить работу по решению определенной проблемы или вопроса.
- Вы считаете, что ваши сотрудники испытывают необходимость в собрании.

Собрание не следует проводить, если...
- Вопрос индивидуальный и может быть улажен один на один.
- У вас нет времени на подготовку.
- Для данной цели существует возможность использовать другой метод: записка, электронная почта, телефонный звонок.
- Вопрос не настолько важен, чтобы тратить на него время.
- Вашим сотрудникам нужно время, чтобы войти в курс дела.
- Вопрос уже решен.

Подготовка к собранию
- Каким должен быть результат этого собрания?
- Кто должен присутствовать?
- Какие основные вопросы, что второстепенно?
- Как лучше построить собрание?
- Какова структура собрания?
- Сколько времени можно выделить на собрание?
- Что необходимо подготовить – отчеты, анализ?
- Имеют ли сотрудники информацию о целях, вопросах, времени собрания?
- Что случится, если мы не проведем это собрание?
- Сообщайте цель.
- Определяйте задания и действия.
- Придерживайтесь регламента.

Ведение собрания

- Делайте вступление к теме.
- Поощряйте дополнения.
- Наблюдайте за обсуждением: используйте полномочия своей должности для контроля.

Принятие решения

- Принимайте решения и постановления.
- Проверяйте понимание и согласие следовать принятому решению.

Действие

- Подводите итоги.
- Представляйте краткий план действий.
- Определяйте/распределяйте ответственность за выполнение.

Тайм-менеджмент собраний

- Максимальной длительностью собрания считается 30-40 минут.
- Время рассмотрения одного вопроса не должно превышать 15 минут.
- Оперативное и инструктивное собрание не должно длиться более 10-15 минут.
- Собрание-«летучка» проводится, как правило, в течение 5-10 минут.

В ходе достаточно длительного собрания рекомендуется делать перерывы, иначе через два часа у участников наступит период «отрицательной активности».

Рекомендации по управлению временем собраний

Обсуждайте только пункты повестки дня. В ходе собрания руководитель должен придерживаться запланированной повестки дня и времени, отведенного на каждый ее пункт.

Обсуждайте каждый вопрос отдельно. Даже если обсуждаемые темы пересекаются, по каждому из вопросов должен быть подведен четкий итог.

Заканчивайте точно в срок. Люди более склонны придерживаться пунктов повестки, когда знают, что время обсуждения ограничено. Очень многого можно добиться гораздо быстрее, если у людей есть стимул – скорый уход из конференц-зала. Будет замечательно, если вы сможете завершить собрание несколькими минутами раньше срока, но ни в коем случае не задерживайте участников дольше, чем было обещано.

Приглашайте нужных людей и отпускайте по мере необходимости. Приглашать на собрания имеет смысл только тех, кто действительно нужен, не опасаясь оскорбить тех, кто не попал в список приглашенных. Аналогично, не следует задерживать участников, вопросы которых уже решены. Присутствующим наверняка есть чем заняться, а значит, лучше их отпускать, как только будет обсужден пункт повестки, имеющий к ним прямое отношение.

Позвольте людям перевести дух. Бывает, что для достижения наибольшей результативности нужно сделать внеплановый перерыв, или же просто снять напряжение хотя бы шуткой.

Избегайте совещаний, следующих одно за другим. Планируйте время на то, чтобы отдышаться, собраться с мыслями, обдумать решения предыдущего собрания и подготовиться к следующему.

Причины неэффективности собраний

- Неподготовленность ведущего либо участников.
- Отсутствие или несоблюдение регламента.
- Избыточное число участников.
- Отсутствие повестки дня.

- Отсутствие протокола
- Отсутствие контроля за исполнением принятых решений.
- Слабое руководство ведением собрания.
- Необязательность присутствия.
- Неконструктивное обсуждение.
- Отсутствие уверенности участников в важности собрания.
- Игнорирование установленных процедур.

Для лучшего ведения собрания необходимо:

- Концентрируйте повестку дня на предстоящих действиях, а не на обсуждении уже полученных результатов.
- Проинструктируйте команду о целях собрания и требованиях, которые будут к ним предъявляться.
- Никогда не критикуйте людей на собраниях за плохую работу (делайте это в частном порядке), но всегда отмечайте хорошую работу.
- Суммируйте итоги дискуссии и согласуйте с командой свои дальнейшие действия.
- Держите под контролем сильных в профессиональном плане работников команды и вовлекайте сотрудников послабее.
- Опросите всю команду, прежде чем принимать решение;
- Придерживайтесь отведенного времени и дорожите каждой минутой.
- Оставайтесь активным и сохраняйте живой темп на протяжении всего собрания.
- Фиксируйте все договоренности.

Показатели эффективности сотрудников

К показателям эффективности работы сотрудников можно отнести несколько направлений. Очень часто их указывают в должностных инструкциях, но при этом редко используют.

Я хочу их раскрыть более детально. Призываю менеджеров и руководителей придерживаться этих критериев. Поверьте, они помогут вам грамотно работать с вашими подчиненными.

1. Деньги. Сколько прибыли принес каждый сотрудник и департамент в целом

Вот так дерзко я назвал первый показатель – сколько прибыли приносит каждый сотрудник. Этим показателем можно оценивать инструкторов тренажерного зала. К инструкторам групповых программ этот показатель применить гораздо сложнее. Есть очень много подводных камней, таких как время класса, формат клуба (кто подает тренировки групповых программ), направления (бывает просто модный пилатес, и на него все бегут). Но обычно клиенты спустя время смогут определить, кто действительно лучший инструктор. В аква-направлении схожая ситуация. В единоборствах – скорее, некий «микс» оценки прибыльности инструктора тренажерного зала и группиковика (польщу им, а то еще побьют при встрече :).

Важно, сколько денег приносит каждый сотрудник, а вы можете составлять итоговую диаграмму, в которой указывать, кто сколько принес денег, и показывать это на собрании.

К первому разделу я бы отнес **показатели тренировок**. Выполняют ли сотрудники планы по продаже своих тренировок. Что они делают, чтобы планы перевыполнить или увеличить?

Следующим важным показателем является **связка «инструктаж – персональная тренировка»**.

Надеюсь, ваш фитнес-клуб автоматизирован, либо будет автоматизирован, ибо без аналитических данных работать будет совсем тяжело. Так вот, если в вашем клубе есть ознакомительные инструктажи, важно отслеживать коэффициент между инструктажем и покупкой пакета (клипа, обоймы:)) персональных тренировок. Вы меня спросите, зачем?

Отвечаю. Нам нужна прибыль, и если у меня Вася проводит десять инструктажей и восемь клиентов берут у него тренировки, а Коля из десяти инструктажей «околдовывает» только трех клиентов, то, как думаете, к кому из них я лично запишу на инструктаж нового клиента?

Еще раз повторяю: мы тут не в карты играть собрались, или социальную спортивную службу развивать. Мы собрались делать деньги и бизнес. И если Коля не может много проводить тренировок, и не способен хорошо продавать себя во время инструктажа, то через три месяца он будет продавать печенье в переходе. Мне и вам нужны инструкторы, которые хорошо продают персональные тренировки и приносят прибыль. Согласны?

Еще один немаловажный показатель – **количество повторно купленных абонементов**.

Это даже важнее, чем связка «инструктаж – тренировка». Ведь понравиться клиенту и произвести позитивное впечатление – это большое умение. А сделать так, чтобы он продлевал персональные пакеты тренировок, – вот это настоящее мастерство.

Нам сразу понятно, кто тут аниматор, а кто – серьезный тренер. Ведь нас интересует прибыль в перспективе на 6-12 месяцев, а не пустышки, которые «выдурили» у клиента десять тренировок, а после он решил заниматься сам.

Поэтому, уважаемые менеджеры, внимательно анализируйте те данные, которые выдает вам ваша программа автоматизации. Управлять клубом и оценивать эффективность сотрудников без аналитики – это как плыть в тумане, надеясь не столкнуться с айсбергом.

2. Уровень участия сотрудника в жизни фитнес-клуба

Очень спорный вопрос. Я и сам становился жертвой этого правила. В 2005 году на корпоративе меня одели в костюм зайца с белыми ушами и попросили развлекать публику на новогоднем мероприятии для клиентов. От такого предложения я был в шоке. Мой менеджер надел костюм собаки, а я – костюм зайца. Мы с ним смотрелись очень эффектно. Надеюсь, он прочитает эту книгу и улыбнется, сейчас он – фитнес-директор того клуба. Я же был простым тренером тренажерного зала – какой-такой новогодний заяц?

Спустя пару лет, когда я уже руководил клубами, мне этот вопрос уже не казался таким странным. Ведь коллектив должен жить жизнью клуба и помогать развиваться своему второму дому. Хотя для некоторых инструкторов это – первый дом, потому что они очень много времени проводят именно там, и чаще видят коллег по клубу, чем родственников. (Кстати, зачастую это приводит к созданию семей в фитнес-клубе и веселых романов.)

Единственно важный момент: когда выберете на работу сотрудника, обязательно говорите ему о том, что есть еще дополнительные задания и нюансы работы в клубе.

Ведь большинство фитнес-инструкторов разных направлений привыкли просто проводить свои тренировки, а потом – вещи и судочки в сумку, и домой, или на вторую работу. А тут – бац, нужно новогодний танец или утренник проводить. И начинается: а нам за это не платят, мы это делать не будем. Поэтому надо заранее формировать команду лояльных к клубу сотрудников, чтобы самому в костюме зайца не танцевать на утреннике. Хотя ничего в этом зазорного не вижу: танцевал и не умер, жаль, фото не сохранилось.

Сотрудник должен знать, что работа – это чуть больше, чем просто тренировки и смены, ведь это сфера обслуживания, и если вы не любите свою работу, это приводит к уменьшению качества обслуживания клиентов. Поверьте, клиенты это чувствуют. Есть одна некультурная шутка: если вы не любите свою работу, то она скоро полюбит вас в прямом смысле этого слова :).

Вы должны оценивать свой персонал, только объективно, насколько сотрудники принимают участие в жизни клуба, и поощрять все подобные проявления.

Важно. Мне очень приятно, когда сотрудники сами посещают семинары и мастер-классы и, возвращаясь в клуб, предлагают применить новую акцию или провести день открытых дверей. Это – показатель хорошей командной работы.

Вам нужно донести до сотрудника ценности вашего фитнес-клуба, чтобы сотрудник не ждал, когда сверху придет бумажка или распоряжение, а сам шевелился и предлагал.

Важно, чтобы вы создали атмосферу, когда сотрудники не боятся делится своими идеями открыто, ведь иногда вы сами виноваты в пассивности вашего персонала.

Сам был свидетелем, как на одном собрании администратор предложила провести одну акцию в клубе, а руководитель клуба ее прилюдно осмеял. Как вы думаете, эта девушка еще раз будет предлагать что-то новое?

3. Количество жалоб

Очень важный показатель качественного сервиса работы фитнес-клуба и каждого сотрудника. Бывает, хороший сотрудник и планы выполняет, тренировки проводит, но на него жалуются. И эта негативная сторона его работы наносит репутационный удар по всему клубу. Все сотрудники должны максимально избегать жалоб, и, в хорошем смысле слова, удовлетворять каждого клиента.

> **Важно.** Вы знаете это правило: недовольный расскажет двенадцати людям, а довольный расскажет троим.

Поэтому очень важно минимизировать количество жалоб и негативных ситуаций в клубе. Если на вашего тренера жалуются клиенты, надо тщательно разобраться, в чем проблема.

Наказать или оштрафовать вы всегда сможете, а вот проявить мудрость и решить этот вопрос – важнее. Если жалуются на администратора, что, поверьте мне, происходит гораздо чаще, надо проанализировать эту жалобу.

Важно. Жалоба – это второй шанс. Клиенты жалуются, когда хотят, чтобы на них обратили внимание, решили их проблему, тогда они останутся в клубе.

В любом клубе будут жалобы и недовольные клиенты, ведь это сфера обслуживания. И всем нравиться просто невозможно. Ваша задача не допускать большого процента жалоб, а если ваш сотрудник получает регулярные замечания от клиентов, вы можете его предупредить – сделать выговор. А после уже штрафовать.

Анализируйте, какого рода жалобы поступают на сотрудника, и проводите встречи с сотрудниками, чтобы выявить, в чем проблема.

4. Опоздания и нарушения дисциплины

Для меня всегда было загадкой, как взрослые люди, которые тренируют других взрослых людей, умудряются опаздывать на работу и персональные тренировки. Парадокс! Ведь тренер по фитнесу, по логике, должен показывать пример.

Бодибилдеры, которые кушают по часам, и утром собирают тонны судков, обычно более пунктуальны. Хотя и среди них есть уникумы – то штаны забыл, то футболку, а вот судки никто не забывает!

Вы должны воспитывать свой коллектив. Если ваш тренер отказывается носить бедж, заполнять отчеты, и лежит на тренажерах в рабочее время, его надо за такое наказывать. Серьезно. Но перед этим доступно объяснять, за что будет следовать наказание.

Ведь, если тренер нарушает дисциплину, это может переброситься на остальных коллег и начать расшатывать весь коллектив.

В конце месяца вы можете добавить в отчет графу «опоздания и нарушения дисциплины».

Мне стыдно даже писать об этом, но практика

показывает, что на это нужно обращать внимание.

> **Важно**. Некоторые инструкторы покидают свои рабочие места раньше. Типа, тут осталось полчаса и уже никого в зале не будет. Так что я пошел домой.

Решение такой ситуации очень простое. Во-первых, при приеме на работу инструктору сообщали его график работы, и он на него соглашался. Во-вторых, вы ему платите за эти часы, либо эти часы работы являются его нагрузкой. Все зависит от схемы работы вашего фитнес-клуба.

Я рекомендую штрафовать за такие нарушения. Да, по закону мы не имеем право это делать. Ну что ж, значит, будем нарушать закон.

Как я уже говорил, – в двойном размере.

Я не хочу писать, что может быть с фитнес-клубом, если, не дай Бог, в момент, когда инструктор решит уйти домой, в зал зайдет клиент и с ним что-то произойдет.

> **Пример.** Как вариант, если у вас в клубе есть такая проблема, вы можете начислять сотрудникам бонусы за работу, но они смогут получить эти бонусы в конце года – при условии, что не будут нарушать правила работы клуба.

Беджи

Отдельная больная тема в вопросе внешнего вида сотрудника фитнес-клуба. Часть сотрудников ненавидят беджи и отказываются их носить, забывают дома, либо надевают на нижнюю часть футболки. Мол, бедж надет, просто он вот тут, внизу. Я считаю, что за отсутствие беджа можно спокойно штрафовать.

Зачем сотруднику он вообще нужен? Для того, чтобы клиент мог обратиться по имени к тренеру и администратору, и понимал, что это сотрудники, а не просто ребята, стоящие рядом в футболках, или клиенты. Неоднократно наблюдал картину, когда клиенты заходят в тренажерный зал и уверенно идут к самому большому человеку в зале, думая что это – тренер. А тренер, в два раза меньше, стоит без опознавательных знаков рядом с беговой дорожкой.

Поэтому беджи должны носить все!

Вопрос внешнего вида и формы

В вашем клубе должна быть корпоративная форма. Это правило я не хочу обсуждать. Не стоит экономить на этом вопросе. Ведь внешний вид влияет на первое впечатление клиента, а от этого может зависеть результат: покупка клубной карты и персональных тренировок. Часто сталкиваюсь с проблемой внешнего вида администраторов. Часть менеджеров думает, что администратор тоже должен быть в спортивном костюме, часть смотрит в сторону более классического внешнего вида. Я сторонник строгого классического вида. Однотонная блузка, желательного корпоративного цвета, бейдж, возможно, красивый классический платок. Относительно брюк и обуви тоже все просто: черный цвет, балетки. Клиент должен обращать внимание на услуги клуба, а не на декольте администратора.

Я объясню, почему я так думаю и делаю (в клубах, которые я открывал, всегда администраторы были и есть в классических блузках, уверен, они прочитают мою книгу). Классический внешний вид придает общению сотрудника и клиента деловой тон. Это важный психологический элемент в работе. Ведь часть клиентов мужского пола не против пригласить симпатичного администратора пойти в кино. Строгий классический вид остужает их пыл. Хотя если администратор подмигивает и заигрывает с клиентом, то никакой внешний вид не поможет.

С инструкторами все обстоит гораздо проще – спортивная форма, фирменная футболка с логотипом клуба.

Важно. Я не рекомендую печатать футболки с надписями «тренер» и «стажер». Это, на мой взгляд, унижает сотрудников.

У инструктора должно быть две футболки. Я сторонник темных цветов, ибо блины и гантели могут пачкать одежду, особенно, если они новые.

Для инструкторов групповых программ и аква-направления – футболки. Можно даже нанести логотип на любимые футболки инструкторов, ведь они будут ныть, что одинаковые футболки их сковывают и лишают фантазии :). В аква-направлении вы можете выдавать шорты и шлепанцы. Ведь там действительно жарко. Вспоминаю свои пару дежурных смен в бассейне. Как там выдерживают инструкторы, я не знаю :(.

Если у вас в клубе есть дополнительные направления – единоборства, игровые виды, можете выдавать брендированные футболки, майки. Некоторые делают нашивки на кимоно. Но тренеры обычно обижаются.

Если сотрудники нарушают эту норму, получают наказание.

Вопрос обуви. Если есть финансовая возможность, желательно, чтобы она была одинаковая, если нет – ничего страшного. Для инструкторов групповых программ нужно купить специальную обувь, они сами расскажут и покажут, какую именно хотят. Ми-ми-ми :).

Важно. Если вы набираете сотрудников в новый клуб, всю форму вы выдаете им бесплатно. Но с одним условием если сотрудник отрабатывает год, он ничего не возвращает клубу. Если он увольняться раньше, то он компенсирует полную стоимость формы и забирает ее себе. На память.

Еще один пикантный вопрос – это запахи. От тренера и администратора не должно исходить никаких запахов. Ни запаха пота, ни запаха духов. Запах чистой одежды, и все.

Смешной пример
Работая в тренажерном зале, часто замечал клиентов, которые в раздевалке очень сильно душились. Выливая по полбутылки духов на себя. И сначала в тренажерный зал заходил запах, а потом сам клиент. У некоторых других клиентов это вызвало большое раздражение.

Рекомендации
Если тренер опаздывает на смену, он оплачивает клубу стоимость времени, которое он пропустил. Но по двойному тарифу, ведь ваши нервные клетки стоят дорого.

Если тренер опаздывает на персональную тренировку, он ее оплачивает вместо клиента.

Можете выписать эти правила и повесить в раздевалке коллектива.

Знаю, что это покажется мегажестко, но блин! Повторюсь, это – не школа, а взрослая жизнь.

Пару раз применив подобные санкции к своим инструкторам и сотрудникам, вы получите волну негатива и группу недовольных. Но я уверен, что вы их сможете победить или перевоспитать. Если кто-то из сотрудников будет угрожать уходом, рекомендую его сразу уволить. На предприятии не должно быть шатания и беспорядка. Да, это не армия, но и не детский сад с фразами «не хочу», «не буду».

Есть правила, есть субординация, есть финансовые показатели.

Работа со звездными тренерами

Часто встречаю ситуацию, когда тренеры, которые проводят больше всех тренировок, начинают себя вести как коронованные цари фитнес-индустрии, некие фитнес-тренеры в законе. И им внутренние правила не писаны.

Мои рекомендации очень простые: закрытая встреча с тренером и разговор по-мужски или по-женски. Либо он работает и придерживается правил, либо вы его увольняете за несоблюдение дисциплины, обзваниваете все клубы в городе и сообщаете им эту информацию. Понятно, что это выглядит, как война. После такого волевого поступка вас будут больше уважать и бояться ваши коллеги, в противном случае вас будут выгуливать, как маленькую собачку по утрам, а не вы их.

Да и обычно звездным тренерам можно предложить аренду.

Поверьте, они очень сильно считают свои деньги. И вряд ли на аренду согласятся.

Не бойтесь своих подопечных, если они это почувствуют – вам конец.

Иногда менеджер занимается воспитанием, как в детском саду: раз сотрудники ведут себя, как дети, то и вы можете себя вести, как учитель. В угол ставить не нужно, хотя очень хочется.

Да, обычно первое нарушение прощают, ведь мы все живые люди. Но выговор нужно сделать обязательно.

Я тоже опаздывал на смену, будучи тренером, меня тоже штрафовали, но я сделал вывод на всю оставшуюся жизнь.

Кстати, еще одна рекомендация: можете на общем собрании подчеркнуть, что опоздавшие и нарушители дисциплины тянут весь департамент вниз, и из-за них не будет годовой премии. О премиях и мотивации мы поговорим чуть позже. Но после таких слов остальные тренеры и сотрудники смогут самостоятельно провести воспитательные беседы в узком кругу раздевалки. Это действенно и полезно.

Я не хочу, чтобы на предприятии произрастала «дедовщина», но иногда нужно воспитывать нерадивых коллег руками их товарищей. Поверьте, это – действенно.

5. Инициатива и предложения

Я люблю беспокойных сотрудников. Это – коллеги, которые вечно приходят с какими-то идеями, 70% из которых никогда не реализуются, а остальные 30% приносят хороший результат. Часть фитнес-персонала считает инициативность чем-то низким, путая с подхалимажем, мол, сотрудник, который постоянно бегает с идеями к руководству, – подхалим и подлиза. Это большая ошибка. На своих семинарах для директоров фитнес-клубов я говорю одну фразу: если вы хотите, чтобы ваши сотрудники превратились в стадо баранов, лишайте их инициативы и дальше.

Понимаю, что не все могут быть инициативными, ну просто это жизнь и так сложилось. Часть людей просто ждет, когда им прикажут, и ничего менять они не хотят.

Но я настойчиво рекомендую стимулировать ваших сотрудников думать чуть шире, чем просто сотрудник. Стимулируйте их делиться своими мыслями идеями, а самое главное – информацией.

Запомните: вы наверху обладаете всего лишь 7% информации, а ваши тренеры и администраторы обладают 100%. Ваша картина происходящего в клубе нарисована руками ваших подопечных, поверьте, очень часто она искажает действительность.

Вы можете придумать «коробку с идеями», в которую каждый сотрудник может анонимно бросать свои письменные сообщения. Обычно анонимность развязывает руки. Если вы эти же вопросы будете задавать на собрании коллектива, сотрудник может просто стесняться аудитории и чувствовать себя выскочкой. А вот эффект анонимности даст возможность высказать свои идеи по полной программе, в том числе критикуя руководство. Пробуйте, и на забывайте делиться своим опытом, для меня это очень важно.

Важно. Если вы просите сотрудников делиться своими идеями, то не поленитесь объяснить им, почему вы эти идеи не реализуете. Сталкиваюсь на предприятиях с проблемой реализации идей. Причем вопрос не в бюджете, а просто в желании (точнее нежелании!) менеджмента. Если сотрудник предлагает идею, например, нового фитнес-направления, отказывайте аргументированно. В противном случае вы демотивируете вашего сотрудника.

Управление командой

Управление командой – повышение качества, результативности и продуктивности работы сотрудников.

Перед тем, как начинать управлять командой, ее нужно создать. Ведь многих хлебом не корми, дай только покомандовать. Это в корне неверно. Как видите, управление командой я поставил на последнее место. Это не значит, что эта функция не важна. Это значит, что она должна идти в комплекте с остальными.

Как создать хорошую команду

Для создания хорошей команды в фитнес-клубе или фитнес-студии прежде всего вам следует определить общие цели и пути достижения этих целей. Вы должны объяснить, с помощью каких инструментов все вместе будете достигать поставленных показателей по продаже клубных карт и персональных тренировок.

Вам нужно быть хорошим коммуникатором, способным решить спорные ситуации, которые будут возникать регулярно, особенно в период становления вашей команды.

1. Регулярно проводите мероприятия, направленные на командообразование. К сожалению, в нашем понимании это – взять ящик водки, напиться и валяться под елочкой. Но давайте обойдемся без этих крайностей. Несмотря на то что это фитнес-индустрия. Вы можете раз в месяц по выходным выходить с коллективом поиграть в боулинг, или проводить небольшие игры по командообразованию на

предприятии. Запомните, что команду гораздо тяжелее победить, чем обособленную группу умников. Проверено.

2. Не изменяйте своим принципам. Даже ради команды и результата. Лидер или руководитель может победить только с помощью команды, но команда всегда идет за лидером. За принципиальным лидером.

3. Не думайте друг о друге плохо. Я не заставляю вас любить друг друга, но вы должны уважать своих коллег и партнеров по фитнес-клубу.

4. Гордитесь успехами других членов команды. Это небольшая проблема фитнес-индустрии, у нас часто менеджеры начинают завидовать успешным инструкторам, а это неправильно. Скажу честно, поначалу, когда начинаешь работать простым тренером, немного завидуешь высоким показателям коллег. Но это проходит спустя пару месяцев работы.

5. Хвалите. Как было написано в одной умной книге, если вы хотите сохранить брак, то вы должны придерживаться принципа «4–1». На одно замечание своему партнеру вы должны говорить четыре хороших слова. У меня складывается ощущение, что фитнес-менеджеры используют это правило, только наоборот, говорят четыре гадости и одно приятное слово.

6. Ничего личного, только бизнес. Великая цитата Дона Корлеоне. Отмечу из своего опыта: я не всегда мог найти общий язык со своими коллегами. Бывали случаи, когда была просто человеческая непереносимость. Однако, несмотря на этот нюанс, мы продолжали работать вместе. Ведь это только бизнес.

7. Помните о возрасте и поле ваших коллег. Я старался строить команду с людьми, которые зачастую были старше меня. И это вызывало некоторый дискомфорт. Что-то типа, мол «вот этот сопляк будет мною руководить. Я тут сорокалетний мужик, а ему двадцать три года, не буду его слушать». Обычно я просто расставался с такими

мнительными товарищами, имевшими больную самооценку. Мне не важно, сколько тебе лет, важно, какой результат ты приносишь фитнес-клубу.

8. Руководитель должен уметь говорить «нет». Часто инструкторы пытаются сблизиться со своим руководителем, чтобы потом, если что, отпроситься и пораньше улизнуть домой, когда тренажерный зал или бассейн пуст. Вы должны уметь сказать «нет». Учитесь.

9. Учитесь хранить чужие секреты. Странный совет с моей стороны, но каждый сотрудник, несмотря на командную игру, – это личность со своими особенностями, белками и тараканами. Если вы знаете что-то особенное об этом сотруднике, то храните его тайну.

10. Старайтесь создавать команду-звезду, а не команду звезд. В этом плане рекомендую обратить внимание на футбол. Там этот принцип прекрасно реализован. Все играют на общий результат. Хотя, скажу откровенно, не все игроки являются друзьями и ходят друг к другу на чай после игры.

11. Привлечь неформального лидера на свою сторону. Я неоднократно сталкивался с ситуацией, когда есть менеджер подразделения, а есть неформальный лидер. И часто это – два разных человека. Что делать? Привлечь неформального лидера на свою сторону. Иногда помогает просто грубая лесть :).

Когда вы создали команду, вы начинаете ею управлять. Только просьба: никаких братаний, «ты мне брат и сестра, давайте все обнимемся и все такое». Нет! Вот тут – играем и веселимся, а тут мы уже работаем. Я сторонник, чтобы менеджера называли на вы. Ну вот такой я суровый. Наверное, уже первая стадия тирании :).

Вы должны сами себе создавать команду. Если на вашем предприятии есть директор по персоналу, который занимается подбором и отбором персонала, запомните:

итоговое решение по принятию на работу должны принимать вы. Понимаю, что мы живем в реальном мире. Вам придется брать на работу «блатных» и родственников собственника, или просто очень хороших мальчиков или девочек. Просто воспринимайте это, как неизбежность. Без этого — никуда. Если вы думаете, что в другом фитнес-клубе такого нет, ошибаетесь. Я работал в десятке фитнес-клубов. Такое есть везде. Либо меня назло преследовали «блатные».

Отбор персонала – очень важный этап работы менеджера

Если мы говорим об отборе тренеров, я обычно рекомендую проводить собеседования в несколько этапов.

Первое — это его резюме. Я всегда говорю, что не придаю большого значения резюме. Но я его смотрю. Запомните, резюме вашему тренеру может написать знакомая или любимая девушка-психолог. И вы получите неполноценную искаженную картинку, иногда возникают ощущения, что резюме принадлежит другому человеку. Особенно, когда он путается в ответах на вопросы по его резюме.

Далее вы приглашаете кандидата на собеседование, и обычно я прошу взять с собой форму.

Важно. Приходя на собеседование, все кандидаты обязательно заполняют внутреннюю анкету. Эта информация становится кадровым запасом вашего фитнес-клуба. И когда у вас возникает вопрос с поиском сотрудника, вы можете проанализировать свою базу и пригласить на повторное собеседование уже отобранного кандидата. Это сэкономит вам время и нервы. Согласен, что из такой базы часть людей уже будет иметь другую работу. Но все рано это сэкономит время.

Если в процессе собеседования я понимаю, что кандидат более-менее способный, то он идет переодеваться и будет меня тренировать. Если нет, то он идет домой. Если это – инструктор групповых программ или аква-занятий, я обычно зову старшего по групповым направлениям для профильной оценки. Не стесняйтесь звать менеджеров направлений на повторное собеседование. Ведь, во-первых, им работать с этим инструктором. Во-вторых, вы можете слабо разбираться в смежных фитнес-направлениях, и принять неверное решение. Я слабо разбираюсь в аква-направлениях, и не стыжусь обращаться за помощью в менеджеру аква-направления. Смелее! Вы не можете всего знать, но при этом будете всем эффективно руководить.

В процессе показательной тренировки вы можете провести тестирование. Либо просто задать пару вопросов по тем направлениям, которые вас интересуют. Далее – испытательный период. Уверен, что без него обойтись нельзя.

Я люблю говорить, что человек идеален два раза в жизни – в момент рождения и на собеседовании. Часть специалистов фитнес-индустрии искусно скрывают свои недостатки. Обычно эти особенности проявляются в работе. Поэтому они проходят испытательный срок. Хотя после испытательного срока начинают показывать свое истинное лицо. Ведь обратную связь о сотруднике должен дать не только менеджер его подразделения, но и тренеры, с которыми ему придется работать.

Более детально об отборе персонала вы прочтете в следующей главе.

Когда команда сформирована, можно приступать к работе. Стоп. А что делать, если вы приходите работать в существующий коллектив, где есть свои правила и «святые коровы», которых нельзя трогать, потому что они тренируют собственников клуба?

Рекомендации по работе с новым коллективом

1. Не старайтесь понравиться коллективу. Ведь вы – менеджер, а не фотомодель. Ведите себя корректно и сдержано.

2. Не делайте резких движений. Если вы резко начнете вводить правила, которые были у вас в предыдущем клубе, персонал взбунтуется. Все изменения должны проходить мягко. Но не затягивайте с реформами, если они необходимы. Просто все процессы должны происходить поэтапно и без спешки.

3. Выясните, кто является неформальным лидером коллектива, у вас будет два варианта работы в с этим человеком. Либо он – ваш партнер, либо он тут больше не работает. Вот так грубо предлагаю поступить. Есть пословица, что друзей нужно держать близко, а врагов – еще ближе. К фитнес-индустрии она неприменима, ибо враг, который будет находиться слишком близко к вам, просто может вас подсидеть. В фитнес-индустрии это происходит в 80% случаев. Обычно фитнес-менеджеров не берут извне, их выбирают среди своих. И если вы видите потенциального кандидата на свое место, его необходимо убрать. Не верите – тогда рискуйте. Но не говорите, что я вас не предупреждал.

4. Ваша работа должна нравиться собственнику клуба. Вот такое неожиданное заявление. Кроме финансового результата, ваша деятельность должна нравиться. Особенно на ранних этапах работы. У вас будет запас доверия – примерно на месяц-два. Если вы не сможете закрепить свой результат, можете потерпеть поражение. Поэтому выясните, что именно нравится собственнику. Я не предлагаю льстить или целовать его куда-то. Я просто прошу вас увеличить себе время для маневра. Ведь за два месяца очень сложно перестроить работу клуба. Я обычно прошу три месяца. У вас их может не быть.

5. Вы должны не спеша ставить своих людей, ведь вы ответственны за работу этого коллектива. Делайте это плавно, но делайте. Это – не повод увольнять людей лишь за их принадлежность к старой команде. Если в старой команде есть хорошие тренеры, менеджеры, администраторы, то они будут работать, но уже в новой команде и по новым правилам.

6. Период адаптации в старой команде – обычно от месяца до трех.

Проведение адаптации сотрудников

Это важный этап в процессе трудоустройства новых сотрудников. Обидно, что его редко кто выполняет. Прошел испытательный срок, либо не прошел, «вот тут мы раздеваемся, вот тут – едим, вот тут – работаем, вот твоя форма, и не забудь трудовую и медицинскую книжки принести». Вот так обычно происходит «адаптация».

Адаптация персонала должна происходить следующим образом:

1. Знакомство с коллективом. Личное. За руку взять, и со всеми познакомить. Отдельное собрание проводить не стоит, а то могут подумать, что «блатного» взяли. А вот личное знакомство с персоналом клуба провести стоит. Это подчеркнет уровень менеджера и отношение к сотруднику.

2. Регулярные беседы с сотрудником. В процессе беседы вы должны задавать вопросы. Все ли устраивает в плане работы? Если ли сложности? Как вас принял коллектив? Есть ли пожелания?

3. Ставить нового сотрудника к более опытному для обучения. Ведь вы как менеджер, не можете бегать за всем персоналом, поэтому вы можете делегировать эту функцию одному из опытных сотрудников.

Обучение сотрудников

Речь пойдет о внутреннем обучении. Вы как менеджер просто обязаны проводить внутреннее обучение. Если вы не умеете этого делать, обязательно научитесь. Раз в месяц собирать персонал и проводить обучение в течение часа-двух. Обсуждать сложные вопросы в работе, искать совместные выходы. Подобное внутреннее обучение очень сближает сотрудников. И этим вы их делаете лучше.

Речь не идет о профильном обучении: как нужно плавать или как делать двойной шаг на степе. Речь идет о вопросах, связанных с продажами и сервисом. Это – темы, которые никогда не будут полностью закрыты.

Как проводить внутреннее обучение, можете спросить у меня, написав мне на почту.

Мотивация персонала

Это – часть функции контроля персонала. Ведь вы как менеджер, должны управлять персоналом, как дирижер оркестром. Одного надо похвалить, другому дать по ягодице, чтобы он начал работать. Вопрос мотивации тоже обычно остается нераскрытым. Все привыкли, что мотивация – это когда штрафуют или выдают премию. Да, и еще назначение лучшего сотрудника месяца. Как в МакДональдсе.

Привлечение, подбор, отбор и адаптация персонала

Профессиограмма. Компетенции и компетентность

«Головной болью» многих предприятий фитнес-индустрии являются кадры. Их тяжело найти, потом ими тяжело управлять, и, наконец, их практически невозможно удержать. Создание команды профессиональных, лояльных единомышленников является одной из главных задач менеджера фитнес-клуба, и начинается этот процесс с подбора людей в команду. Как же правильно искать и подбирать персонал для фитнес-бизнеса?

При необходимости в поиске и подборе персонала, руководитель должен выполнить следующие шаги:

- Понять четко и ясно, какой специалист нужен в фитнес-клубе или департаменте.
- Найти кандидатов на вакантную должность, предварительно выбрав наиболее эффективный способ поиска.
- Отобрать лучших кандидатов с использованием серии методов.
- Принять решение о выборе кандидата, наиболее удовлетворяющего требованиям вакантной должности.

Многие руководители считают, что они выполняют все вышеуказанные пункты, однако это не совсем так, иначе не возникало бы такого количества сложных ситуаций с персоналом. Давайте рассмотрим все по порядку.

Прежде всего руководителю необходимо расписать полный перечень должностных и функциональных задач потенциального сотрудника и на основании него составить требования к кандидату:

Формальные: пол, возраст, семейное положение, адрес проживания, знание языков, наличие автомобиля и т.д.

Квалификационные: образование, опыт работы, область деятельности, уровень полномочий и т.д.

Функциональные: профессиональные знания и навыки, требуемые для успешного выполнения функциональных обязанностей.

Личностные: особенности характера, темперамента, ценностей кандидата, приветствующихся на предприятии и необходимых на вакантной должности.

Затем на основании этого списка составляется объявление о поиске сотрудника. При составлении объявления рекомендуется в нескольких словах положительно охарактеризовать свое предприятие, перечислить все важные для вас качества кандидата (возраст, опыт работы, знания, навыки, личные качества и т.п.), и указать примерный размер заработной платы. Текст должен заинтересовать вашего будущего сотрудника. Чем яснее и точнее будет объявление, тем меньше лишних кандидатов вам придется отсеивать. Постарайтесь использовать объявление как своеобразный фильтр, экономящий ваши силы, время и средства при последующем отборе.

Далее необходимо правильно выбрать способ поиска, то есть канал, через который объявление о поиске сотрудника увидят те, к кому оно обращено. Хочется отметить, что в фитнес-бизнесе нет «идеальных» рецептов успеха, нет и лучшего способа поиска работника. Все варианты хороши по-своему. Надо учитывать особенности города, где расположен ваш фитнес-клуб, и уровень развития фитнес-индустрии в регионе.

Поэтому давайте рассмотрим особенности каждого из них.

Способ поиска (канал)	Особенности
СМИ – размещение объявления о вакантной должности в специализированных печатных изданиях, посвященных трудоустройству	Целесообразно для типовых или несложных позиций, а также при значительном запасе времени. В зависимости от издания, размещение рекламы о вакансии может составить от ста до нескольких тысяч гривен. Плюсы – широкий охват аудитории; относительно недорого. Минусы – большой объем работы; не всегда прицельный охват.
Интернет – размеще-ние вакансий на специализированных сайтах, а также анализ размещенных там же резюме кандидатов	Беззатратный метод или с достаточно низкими затратами. Абсолютно прост в исполнении, не требует никаких дополнительных ресурсов. Плюсы – гарантирует определенный уровень аудитории. Минусы – по ряду вакансий не работает вообще.
Сайт – ведение web-сайта с размещением информации об имеющихся вакансиях и карьере в компании	Беззатратный метод с точки зрения дополнительных инвестиций. Работа должна проводиться совместно с ИТ-менеджером. Плюсы – гарантирует определенный уровень аудитории. Минусы – узкий охват аудитории.
Родственники и знакомые – получение рекомендаций	Беззатратный метод Плюсы – относительная гарантия лояльности. Минусы – смешение личных и рабочих отношений.

Кадровые службы – размещение заказа в кадровом агентстве на прямой поиск, использование баз данных, а также отбор по рекламе	Целесообразно применять при необходимости быстрого поиска, поиска топ-менеджера, или крайне редкого специалиста. Основное преимущество – наличие базы данных. Плюсы – большой объем информации, снижение временных затрат. Минусы – высокая стоимость услуг; отсутствие специализированных кадровых агентств в области фитнес-бизнеса в Украине (за редким исключением).
Учебные учреждения – размещение информации о вакансии в вузах, на курсах повышения квалификации, учреждениях повышения квалификации и т.д.	Беззатратный метод. Требует значительных временных затрат. Плюсы – молодая, профессионально подготовленная аудитория, вероятна высокая степень лояльности в будущем. Минусы – молодая аудитория, не адаптированная к бизнесу и рабочим отношениям; отсутствие опыта.
Внутренний ресурс – ротации и передвижения внутри коллектива	Беззатратный метод. Анонсирование внутреннего конкурса с условиями проведения и участия. Плюсы – хорошее знание кандидатов; уменьшение риска ошибки; мотивация сотрудников; гарантированная лояльность; ориентация на развитие персонала. Минусы – отсутствие притока свежих сил; возможное отсутствие необходимой квалификации; трудности переобучения персонала.

Поиск у конкурентов – непосредственный перехват сотрудников из компаний интересующей сферы	Довольно распространенный способ комплектования штатов в фитнес-бизнесе, да и не только. Выгода здесь просматривается довольно явно: можно найти классного специалиста, который сможет окупить все вложения. При этом критерием качества работы и своеобразной рекомендацией специалиста служит база его клиентов. И, вроде, все хорошо. Но в действительности подобный способ поиска ведет лишь к баснословным заработкам специалистов, но не владельцев. Переманивание возможно только предложением лучших условий труда: оплата, график и т.п., что является значительными статьями дополнительных расходов предприятия. Главным же минусом является тот факт, что в этом случае не работник устраивается на работу к работодателю, а работодатель устраивается к работнику. Подобные сотрудники довольно часто неуправляемы. Создать в таких условиях дружный коллектив, достигающий высоких финансовых результатов, почти невозможно. Дальнейшее увлечение подобным методом поиска работников приведет к полной экономической неэффективности всего фитнес-бизнеса.

Итак, вы набрали группу потенциальных кандидатов на место в вашем фитнес-клубе.

Теперь необходимо по уже сформулированным критериям отобрать лучших из них, используя различные методы, а именно:

- анкетирование
- собеседование
- тестирование.

Остановимся на каждом из них более подробно.

Анкетирование

Вначале рекомендуется заполнить внутреннюю анкету, из которой руководитель должен узнать о кандидате. Эта анкета должна содержать послужной список кандидата с адресами и телефонами, описание профессиональной подготовки, данные о семейном положении, личных увлечениях, контакты, а также иную важную для директора информацию. Каждую анкету стоит внимательно прочитать, проанализировать, проверить ключевые моменты (в том числе обзвонить прежние места работы, навести справки о качестве работы, особенностях человека) и подготовиться к собеседованию. Подготовка заключается в составлении индивидуального опросного листа.

Собеседование

По опыту успешных кадровых специалистов, собеседование занимает около 30 минут и должно иметь следующую структуру:

1-й этап – установление контакта. Основная цель этого этапа – снять психологическое напряжение кандидата и создать доверительную атмосферу для дальнейшего общения. Для достижения такой цели в первые минуты общения можно поинтересоваться, легко ли кандидат нашел офис, предложить ему чай или кофе и т.д.

2-й этап – рассказ о фитнес-клубе, об особенностях взаимоотношений в коллективе, требованиях при работе с клиентами в вашем клубе, особенностях корпоративной культуры, должностных обязанностях и т.д.

3-й этап – собеседование в традиционном понимании этого слова. В процессе собеседования уточните у кандидата следующие моменты:

- имеющееся у него образование (общее и профессиональное);

- его опыт работы в фитнес-клубе и не только. Зондирующими вопросами уточните информацию о знаниях и опыте кандидата в тех областях, в которых вы являетесь хорошим специалистом и знатоком;

- обсудите его жизненные цели: профессиональные и личные. Чего он хочет добиться и когда. Что будет критерием его удовлетворения от работы?

- узнайте также о жизненных интересах и увлечениях кандидата, в том числе культурные предпочтения. Ведь вы ищете гармонично развитого человека.

Обращайте серьезное внимание на личные качества будущего сотрудника, так как довольно часто приходится сталкиваться с ситуацией, когда принимают на работу специалиста, а увольняют с работы – человека. Личные качества в фитнес-бизнесе играют очень важную роль и могут стать причиной как величайшего успеха, так и мощного провала.

Многие руководители рекомендуют проводить собеседование «комиссией», в которую могут входить, например, директор, опытный специалист, менеджер по персоналу или психолог. Перед собеседованием «комиссия» должна согласовать свои действия и план собеседования. Почему необходимо проводить собеседование «комиссией»? Потому что, во-первых, руководитель может не знать всех тонкостей профессии будущего кандидата (аква-направление, групповые программы или единоборства); во-вторых, при собеседовании следует решать несколько задач: задавать вопросы, записывать ответы, отслеживать реакцию собеседника. Качественно выполнять все эти функции одному человеку очень сложно.

Перед окончанием собеседования позвольте кандидату задать вам вопросы. По окончании собеседования поблагодарите кандидата за участие, сообщите, когда он сможет узнать о результатах.

После каждого собеседования с очередным кандидатом проводите обсуждение, сравнивайте свои записи с заметками и наблюдениями других членов комиссии или людей, которые ранее общались с кандидатом. Обязательно отметьте наличие качеств, которые важны для данной должности, а также те, которые станут препятствием для работы.

Важно. Всегда перезванивайте и сообщайте даже о негативном результате. Помните, что ваша репутация как менеджера тоже имеет значение. А рынок фитнес-услуг – маленький.

Тестирование

После успешного собеседования для оставшихся кандидатов необходимо провести профессиональное тестирование с целью уточнения их профессиональных навыков. Тестирование может быть как практическим, так и устным.

Для практического тестирования потребуются спортивная форма и пара сотрудников, которые будут играть роль клиентов.. Все эти компоненты должен обеспечить руководитель предприятия. Довольно часто руководители фитнес-клубов сами становятся моделями для специалистов. Если руководитель не является экспертом в той области, в которой проводится тестирование, необходимо пригласить опытного тренера и

163

менеджера направления для оценки профессиональных навыков и знаний кандидата.

Устное тестирование обычно проводится в форме деловых и ролевых кейсов. Суть состоит в том, чтобы построить определенную ситуацию, которая позволила бы проверить именно то, что вас интересует в данный момент, и предложить кандидату описать модель своего поведения или решения данной ситуации. Например, вы хотите проверить, что человек считает более важным: коммерческую выгоду или порядочность. Вам необходимо построить ситуационную задачу, в которой эти два интереса будут вступать в откровенный конфликт, и предложить кандидату найти решение.

Пример

Вы случайно узнаете, что ваш коллега (не руководитель и не подчиненный) систематически совершает нечестные поступки по отношению к фитнес-клубу, в котором вы работаете. Ваши действия. Вы умеете очень хорошо влиять на людей. Перед вами – клиент, которого вы легко можете убедить купить абсолютно не нужный ему, хотя и безвредный товар. Ваши действия. Почему?

Приняв решение о приеме наиболее достойного сотрудника на работу, необходимо правильно оформить всю кадровую и юридическую документацию, подготовить должностную инструкцию и план ввода в должность, познакомить «новичка» с коллективом.

Директор должен помнить, что у него имеется возможность организовать дополнительную проверку профессиональных и личных качеств сотрудника во время испытательного срока. Поэтому организуйте работу соискателя в этот период максимально результативно, давайте задания, реально проверяйте их исполнение.

Возможно назначение кураторов, наставников из числа постоянных сотрудников. Тогда к окончанию испытательного срока директор получит точную и ясную картину работы нового сотрудника, и решение о приеме на работу или увольнении будет принято максимально осознанно.

При этом руководителю стоит внимательно относиться к вопросу кадрового резерва. С этим во многих фитнес-клубах большая «напряженка». Только имея в «запасе» тех или иных фитнес-тренеров, можно довольно уверено двигаться вперед по пути развития. В противном случае, самая большая неприятность может случиться в самый неподходящий момент.

Создание кадрового резерва осуществляется путем постоянного поиска «лучших» сотрудников, поддержания контактов с теми соискателями, которые не подошли вам по «второстепенным» показателям.

Минимизация затрат на обучение персонала

В процессе работы фитнес-клуба возникает необходимость в повышении квалификации того или иного сотрудника. Эта тема становится все более актуальной в связи с усилением конкуренции и повышением требований к качеству работы фитнес-клуба со стороны клиентов. Однако, учитывая неблагоприятную финансовую ситуацию, сложившуюся в стране, и необходимость компаний в связи с этим сокращать свои расходы на обучение персонала, мы рассмотрим наиболее малозатратные варианты.

Создание библиотеки в фитнес-клубе. Подразумевает регулярное чтение сотрудниками профессиональной литературы. Цель – получение новых теоретических знаний и технологий. В библиотеке может быть и художественная литература.

Важно. Список рекомендованной литературы могу выслать. Напишите мне, адрес электронной почты ищите конце книги.

Наставничество. Опытный и компетентный сотрудник проводит демонстрацию выполнения задания менее опытному коллеге, проверяя с помощью вопросов его понимание на каждом шаге. После этого обучаемый сам объясняет и выполняет задание так, как он его понял, а наставник контролирует его действия и, по мере необходимости, корректирует их. Цель для обучаемого – получение новых знаний, переосмысление уже имеющихся знаний и навыков. Цель для наставника – закрепление собственных навыков.

Супервизия. Цель – обмен опытом с коллегами; возможность обсудить собственные трудности, и получить при этом экспертную оценку. Подразумевает групповое обсуждение наиболее сложных и трудных ситуации в работе. Обсуждение должен курировать и направлять в нужное русло руководитель или приглашенный внешний специалист. Рекомендую хотя бы раз в месяц проводить подобные обсуждения.

Посещение бесплатных семинаров в рамках выставок. Цель – получение новых знаний и навыков. Подразумевает необходимость заполнения персонального отчета после посещения семинара, в котором указываются полученные знания, навыки, отношение к ним, планы по их использованию и т.д.

Участие в корпоративных и открытых тренингах. При этом оплата производится 50 на 50. В настоящее время – это наиболее приемлемый вариант, так как и сотрудник делает вложения в себя, и предприятие несет на себе не всю финансовую нагрузку. Кроме того, в данном варианте и

166

мотивация, и отдача обучаемого довольно высоки.

Организация внутренних тренингов собственными силами. Один из наиболее действенных методов при построении сильной обучающей культуры в фитнес-клубе – попросить ваших собственных лидеров, экспертов, ведущих специалистов самим провести обучение и поделиться опытом с коллегами.

Запись на видео. Подразумевает отправление специалиста на фитнес-конвенцию с камерой, и запись выполнения по различным направлениям.

Если есть ограничения по бюджету, выделенному на обучение, стоит полностью отказаться:

• От обучения, направленного на дополнительную мотивацию сотрудников (обучение как прибавка к зарплате).

• От модных тренинговых программ, обещающих волшебные технологии, которые спасут ваш бизнес.

• От обучения «слабых» сотрудников, не способных в полной мере воспользоваться результатами обучения. Здесь затраты на обучение могут реально превысить доходность от применения полученных знаний в компании.

• От обучения, требующего долгосрочного отвлечения сотрудников от выполнения их рабочих задач.

• От обучения сотрудника до необходимого уровня в случае, если на рынке достаточно кандидатов на эту должность с достаточным уровнем квалификации.

И помните: любая экономия стоит денег!

Обучение и развитие персонала: виды и формы обучения, их особенности и использование

Обучать фитнес-персонал необходимо постоянно. Это не тот вид бизнеса, где вы один раз обучили, как что-то делать, и потом эти ребята всю жизнь приносят прибыль. Фитнес-бизнес требует постоянного обучения. Каждые полгода появляются новые направления, новое оборудование, а в вопросах продаж и сервиса обучение необходимо проводить раз в 6 месяцев даже для гуру.

Я все обучение всегда распределяю на две группы: профильное и непрофильное.

Профильное обучение направлено на совершенствование основных рабочих функций, например – обучение технике выполнения упражнений, новым фитнес-направлениям.

Непрофильное обучение предназначено для совершенствования качеств, помогающих фитнес-персоналу грамотно работать в сфере обслуживания. Например, умение оказывать качественное обслуживание и умение продавать персональные тренировки.

Обучение также бывают внешнее и внутреннее. *Внешнее обучение* – это конференции, различные семинары и мастер-классы. Внутреннее обучение для персонала проводит менеджер или руководитель. Часто бывает, что руководитель едет на фитнес-форум или тренинг, после чего собирает персонал и проводит *внутреннее обучение*. Я обычно рекомендую так делать после своих семинаров. Некоторые руководители просто делают копии своих рабочих тетрадей, и потом по ним проводят обучение администраторов или менеджеров по продажам. На здоровье. Главное, чтобы такое обучение помогло.

Если говорить в разбивке по департаментам, то считаю, что обучение в фитнес-клубе должно проходить следующим образом.

Тренажерный зал: два раза в год – продажи персональных тренировок. Два-три раза в год – занятие по совершенствованию знаний о разновидностях фитнес-направлений и составлению персональных тренировок. И хотя бы раз в год – обучение, направленное на знание нутрициологии и анатомии.

С инструкторами групповых программ гораздо проще, есть ряд фитнес-конференций, которые проходят три-четыре раза в год в крупных городах. Их обязательно нужно посещать, и точка. Плюс два раза в год – продажи персональных тренировок.

По аква-направлению – тяжелее. Для них семинаров проводится меньше, но они тоже есть. В крайнем случае вы можете провести у себя семинар, пригласить эксперта и просто продать пару билетов на обучение в вашем клубе коллегам из другого клуба, что немного облегчит финансовый вопрос. Но обучать аква-инструкторов нужно.

Администраторы рецепции и менеджеры по продажам... Обычно администраторов вообще не учат. Но это – неправильно. Администраторов и менеджеров по продажам необходимо учить два раза в год продажам и качественному сервису, продажам по телефону и работе с трудными клиентами. Если есть возможность, можно проводить семинары в клубе раз в три месяца.

Менеджмент и управленцев клуба – учить также нужно. Часть ребят, которые стали менеджерами подразделений, часто задирает носы. А про фитнес-директоров я вообще молчу – «боги фитнеса»! Они думают, что им уже учиться нет необходимости. Глубоко ошибаются. Основы менеджмента и правила мотивации команды никто не отменял. Их нужно знать и совершенствовать каждый день.

А всему коллективу необходимо проходить один-два раза в год командообразующие мероприятия. Это укрепляет дух и заряжает позитивной энергией. Командообразующие мероприятия – это не пьянка на Новый год или на годовщину клуба :). Это – тренинги, когда весь коллектив собирается в одном месте, некоторые ребята впервые видят всех коллег и говорят: «А ты кто?» А я у вас тут уже полгода работаю :). И с помощью увлекательных командных игр формируют стойкий коллектив.

Это важно, ведь за ваших сотрудников будут бороться другие клубы. При сильном коллективе и грамотной работе менеджера очень тяжело будет переманить тренера или администратора в новый клуб.

Анализ потребности в обучении

Говоря о потребности в обучении, нужно всегда обращать внимание на статистику. Вы, как менеджер клуба или подразделения, должны знать, что происходит у вас в фитнес-клубе или департаменте.

Мне часто приходится обучать персонал в разных фитнес-клубах, и я замечаю неприятную тенденцию. Менеджеры или собственники и сотрудники по-разному видят как проблемы фитнес-клуба, так и пути решения этих проблем.

Например, слабые продажи дополнительных услуг: менеджмент думает, что тренеры не продают, а на самом деле стоимость дополнительных услуг и позиционирование клуба и его клубных карт не позволяет продавать дополнительные услуги по таким высоким ценам. Либо проблема в администраторах, которые не прикладывают усилий для продаж.

Поэтому я перед обучением провожу тестирование. Обычно это простые анкеты, которые позволяют выяснить основные трудности в работе сотрудника или департамента в целом.

Я рекомендую менеджерам перед обучением провести встречи с каждым сотрудником департамента и спросить у них: «Что, на ваш взгляд, мешает работе департамента и вам лично?» Ответы рекомендую фиксировать. И уже после этого формировать запросы на обучение.

Иногда я сам провожу подобные встречи для оценки ситуации в клубе, провожу интервью с каждым сотрудником, в том числе и с уборщицами. Поверьте, эти незаметные дамы знают все секреты вашего фитнес-клуба.

Важно. Да, если сотрудник говорит, что он может продать все что угодно, пускай он продаст вам ручку. Если он будет говорить, что, мол, не готов, и ручка — это не персональная тренировка, он просто не умеет продавать.

Планирование обучения

Я рекомендую проводить обучение в выходные дни. В разных фитнес-клубах — по-разному, но обычно выходные менее загружены персональными тренировками. Хотя клиентов особенно много, если в клубе есть бассейн, все с детьми пришли поплавать. Рекомендую планировать обучение заранее, чтобы все инструкторы, менеджеры и администраторы могли его посетить. Из опыта: часть персонала пытается саботировать процесс обучения. Типа мы все знаем, и чему нас могут научить.

Сам, приезжая на корпоративные семинары, часто сталкивался с такими ситуациями.

Менеджмент клуба просто в приказном порядке пишет: всем быть в такое-то время. Но инструкторы специально умудряются записывать себе персональных клиентов. Это очередной раз демонстрирует некомпетентность менеджеров. Ведь становится не ясно, кто главный в таком фитнес-клубе.

Рекомендация

Вывешивайте в комнате для персонала объявление с датой обучения заранее, за четыре-пять недель.

Из опыта: хорошо проходит вариант (при условии, что обучаться будет более тридцати человек) обучения в два этапа. Когда можно записаться и выбрать одну из дат обучения.

Обычно тренинги длятся 6 часов, а практические занятия – и того более. Как вариант, вы можете разделить это время на два дня. Так всем сотрудникам будет проще выделить время в своем «суперзагруженном» графике.

Не хочу показаться слишком мягким и лояльным товарищем, но диктаторские указания и попытки заставить всех учиться, или сидеть и писать, не приводят к результату. В этом вопросе следует быть хитрее.

Кроме того, многое зависит от преподавателя, которого вы пригласили: сможет ли он грамотно сработаться с аудиторией.

Обучение для администраторов проводить тяжелее, ведь рецепцию оставить невозможно, как и закрыть клуб. Поэтому чаще всего обучение проводится во время минимальной загрузки клуба. В каждом клубе это время бывает разным. Чаще всего это обеденное время пятницы или четверга. Ведь с понедельника обычно клиенты начинают новую жизнь. Зачастую я рекомендую, чтобы старший администратор остался на рецепции, а остальные пошли на обучение.

С менеджерами по продажам – та же история. Один остается, остальные идут учиться. Обычно оставляют самого сильного. Хотя они умудряются учиться по очереди, типа я полчаса и ты полчаса, но результата такое обучение не приносит, в итоге те, кто меняются, ничего не усваивают. Это не студенческие годы, где зазубрил, сдал и забыл.

В идеале нужно обучать всех сотрудников до открытия, а после открытия просто поддерживать существующий уровень.

Смешная история.

На одном корпоративном обучении в Одессе собрался весь коллективв. Собственник фитнес-клуба объявил, что будет семинар-тренинг по продажам, и один инструктор встал и сказал, что не может присутствовать из-за больной сестры. Собственник отпустил сотрудника. После обучения мы поехали в город покушать. Каково же было удивление собственника фитнес-клуба, когда он увидел в одном из заведений города этого инструктора, который с сестрой и большой компанией что-то праздновал. Собственник сфотографировал эти посиделки, подошел пожелал им хорошего вечера. Мы пошли ужинать в другое заведения, а инструктора на следующий день уволили.

Вывод – никогда не обманывайте.

Оценка эффективности обучения

Большинство собственников фитнес-клубов ожидают резких изменений после обучения. Мол, семинар прослушали, задание выполнили, где рост продаж персональных тренировок на 50%?

Это большое заблуждение. Которое можно сравнить с желанием похудеть на 20 кг за семь дней. Часто мне эти пожелания напоминают ленивых клиентов, которые просят от их персональных тренеров нереальных результатов, шантажируя их тем, что они же купили персональные тренировки, а значит, уже автоматически должны похудеть быстрее, чем простые смертные, и их тренер может нарушить все законы физиологии.

Оценка эффективности обучения обычно проходит с помощью анкет, интервью и показателей работы клуба, департамента и каждого участника обучения.

По опыту, изменения, к которым вы стремитесь, могут наступить через четыре-шесть недель, если регулярно обучать персонал, и будет осуществляться грамотное пост-тренинговое сопровождение с домашними заданиями и поддержкой.

У нас ведь как народ учится? Пришли на тренинг по продажам – «все, я уже все знаю, и теперь мои продажи вырастут в десять раз». Но по факту один семинар – сродни фундаменту в доме, нужно далее строить стены и ставить окна. Потом проводить свет и делать отделочные работы. А не жить в шалаше.

Поэтому следует понимать, что изменения будут происходить плавно и не так быстро. При условии, что в этих изменениях будет заинтересован не только собственник или менеджер клуба, но и каждый сотрудник клуба.

Очень часто на своих тренингах я сталкиваюсь с ошибочным и обманчивым ощущением всезнаек. Мол, я уже все знаю и все умею. Один вопрос или задание – и человек понимает, что он ошибается в своих убеждениях.

Обычно после обучения всем сотрудникам предлагают заполнить тестовые анкеты, чтобы понимать, насколько они усвоили материал. Далее – домашнее задание и отслеживание результатов.

Если через пару недель вы не видите заметных изменений, необходимо разобраться, в чем причина и кто виновен в этом. Все сразу винят либо преподавателя, либо слушателя. Зачастую винят преподавателя, ведь это он не смог научить.

Часть собственников, побывав за границей, проживая в дорогих европейских отелях, при возвращении в свой родной фитнес-клуб резко начинают желать такого же уровня обслуживания.

Представьте, что человек всю жизнь говорил одну и ту же фразу, и ему необходимо резко переучиться. Вопрос создания качественного сервиса формируется дольше, чем навыки продаж. А если говорить об оценке этого компонента, я рекомендую привлечь тайного покупателя. Ведь у собственника и специалиста по обучению уже есть свое мнение, оно может отличаться от реальной ситуации.

Посттренинговые мероприятия

После обучения слушатели, получив кучу новых и полезных знаний, начинают их применять. Некоторые ленятся и применяют знания меньше. Пост-тренинговое сопровождение позволяет как можно дольше продлить эффект от тренинга. Это определенные задания и беседы с участниками тренинга, которые позволяют им далее учиться, а вы сможете оценивать эффективность внедрения новых знаний.

Это важно с точки зрения закрепления результата обучения. Иногда после обучения через две-три недели тренер может приехать и еще немного поработать с аудиторией. Отработать навыки с помощью практических игр. Уточнить, какие изменения прошли легко, а какие вызвали сопротивление.

Важно. Уважаемые коллеги, вы должны помнить: обучение не заканчивается после тренинга и конференции. Учиться нужно постоянно и каждый день. Если кто-то скажет, что он знает все, он, мягко говоря, лукавит. Поэтому – улыбаемся и пашем.

Если вы считаете себя квалифицированными инструкторами, вы просто обязаны читать и развиваться. Причем не только в профессиональном плане, мол, я и так все фитнес-направления освоил. Вы должны посещать тренинги по продажам и сервису, общаться с экспертами в смежных сферах. Говоря о менеджерах фитнес-клуба, сразу вспоминаю книгу «45 татуировок менеджера», которую вы просто обязаны прочитать.

Домашнее задание.
Прочитать книгу и прислать мне свой отзыв – я о татуировках менеджера говорю.

Важно. Менеджер должен быть примером для своего персонала. Поэтому вы можете создать библиотеку в своем фитнес-клубе, а книга, которую вы сейчас держите в руках, надеюсь, будет первой ласточкой в вашей фитнес-библиотеке.

После обучения менеджер направления может собирать своих инструкторов и проводить внутреннее обучение для закрепления материала и отработки навыков.

Грамотная мотивация сотрудников: ее особенности

Грамотная мотивация сотрудников – любимая тема многих докладчиков на фитнес-конференциях. Смешно, когда спикеры рассказывают, как нужно мотивировать персонал, а у самих не предприятии – полный бардак.

Стабильность кадрового состава является одним из условий эффективной работы любого предприятия, а борьба за низкую текучесть персонала – проблема, одинаково актуальная как для западных, так и для украинских и российских компаний.

Чтобы решить эту проблему, необходимо научиться обеспечивать удовлетворенность сотрудников своей работой. Удовлетворенность работой тесно связана с лояльностью персонала, преданностью работников своей организации, их желанием прилагать максимум усилий в ее интересах, разделять ее ценности и цели. Изучая удовлетворенность, мы получаем информацию о силе привязанности персонала к компании. Если ценный сотрудник балансирует на грани увольнения, то такая ситуация весьма опасна и нежелательна для организации. С другой стороны, если плохой сотрудник полностью удовлетворен своей работой и не собирается увольняться – это информация к размышлению для руководителя. Значит в компании созданы весьма благоприятные условия для ленивых, бестолковых, неэффективных работников.

Данные об удовлетворенности работой – это, фактически, информация о кадровых рисках компании.

С точки зрения науки, понятие «удовлетворенность работой» трактуется как оценочное отношение человека к деятельности, проявляющееся в эмоциональных состояниях, установках, способное выступать мотивом деятельности. Психологи и социологи высказывают разные мнения относительно того, какие факторы влияют на удовлетворенность работника своей деятельностью. Мы остановимся на основных из них:

Содержание и характер работы. Интерес к процессу деятельности может быть важным мотивирующим фактором. Совокупность особенностей деятельности, побуждающих человека к ее выполнению, американские ученые называют внутренней мотивацией. О высокой внутренней мотивации можно говорить в тех случаях, когда человек достигает высоких результатов не потому, что ему обещано большое вознаграждение или осуществляется жесткий контроль его работы, а из-за того, что ему доставляет удовольствие сам процесс деятельности. Изучая людей, которые получают удовольствие от своей работы, ученые выделили следующие показатели внутренней мотивации:

• ощущение полной включенности в деятельность;
• полная концентрация внимания, мыслей и чувств на деле;
• ощущение того, что четко знаешь, как следует действовать в тот или иной момент, четкое осознание целей;
• отсутствие боязни возможных ошибок и неудач;
• потеря обычного чувства осознания себя и своего окружения, как будто «растворение» в своем деле.

Выполняя соответствующую этим требованиям работу, человек испытывает приятные чувства, которые побуждают его работать хорошо.

Условия работы. Сюда включают все, что касается экологии и эргономики рабочего места: наличие и удобство расположения инвентаря, освещенность, качество питьевой воды, используемой в офисе, а также месторасположение компании, удобный режим (график) и т. п. Удовлетворенность условиями работы связана и со степенью информированности персонала о текущем положении дел в компании. Если сотрудники питаются только слухами и домыслами, а достоверная информация до них не доводится, то у работников возникают различные опасения и страхи.

Оплата труда, материальное вознаграждение. Удовлетворенность оплатой труда включает в себя зарплату, прочие выплаты, выходные дни, дополнительные льготы, и тесно связана с субъективной оценкой степени справедливости отношений. Поэтому руководству нужно обращать внимание на следующие моменты:

1) соответствует ли уровень оплаты ваших работников уровню оплаты аналогичных специалистов в других компаниях;

2) соотносимы ли усилия и вознаграждение работников предприятия.

Руководство. Важнейшими условиями удовлетворенности руководством являются благоприятная корпоративная культура, оптимальный стиль лидерства, коммуникативная и управленческая компетентность руководителя. В этом заключается умение принимать решения, брать на себя ответственность, способность организовать работу, высказать благодарность. Важным элементом управленческой деятельности, влияющим на удовлетворенность руководством, является делегирование полномочий и ответственности персоналу. Для большинства работников важны отношения с непосредственным руководителем. Они ожидают не только выплаты определенной суммы денег, но и внимания к своей личности. Недоступность руководителя или взаимное непонимание между руководством и работниками могут существенно снизить эффективность работы предприятия.

Личное развитие и профессиональный рост. Значительная часть работников стремится к профессиональному или карьерному росту. Поэтому ограничение возможностей карьерного роста может приводить к ярко выраженной неудовлетворенности и даже агрессивности в поведении.

Психологический климат в коллективе. Весьма существенной составляющей является удовлетворенность окружением. Зачастую оно настолько сильно влияет на настроение, трудоспособность, желание продолжать работу на этом месте, что при определенных негативных обстоятельствах человек может принять решение об увольнении. В силу этого, в последнее время востребованы тренинги, целью которых является формирование командных отношений в коллективе. В то же время для удовлетворенности работой вполне достаточно, чтобы окружение не вызывало негативных эмоций, например, раздражения. Психологи также рекомендуют избегать создания каких-то специальных привилегий для руководства, которые увеличивают разрыв между ним и остальными работниками.

В целом же на индивидуальном уровне удовлетворенность работой каждого связана с удовлетворением уникального сочетания его актуальных потребностей. Достижение этой цели выдвигает в качестве одной из основных задач кадрового менеджмента изучение потребностей претендентов на вакантные должности и работников предприятия. Одним из практичных и достаточно эффективных инструментов, которые можно использовать с этой целью, является методика изучения мотивационного профиля личности, которую разработали американские ученые Шейла Ричи и Питер Мартин. Эти ученые выделили двенадцать основных потребностей человека и предложили тест для изучения их относительной значимости (актуальности) для этого работника. Количественно выраженную значимость этих потребностей авторы методики называют мотивационным профилем. Особенности мотивационного профиля учитываются не только при решении вопроса о соответствии претендента на вакантную должность профессиональным требованиям, но и при осуществлении мероприятий, направленных на повышение удовлетворенности работой. Мотивационный профиль позволяет реализовать принцип ведущего мотива, который побуждает работника оставаться преданным компании.

Стадии снижения удовлетворенности сотрудника работой: растерянность, раздражение, «двойная роль», разочарование, потеря готовности к сотрудничеству, уход.

Стадия 1. Растерянность. Здесь замечаются симптомы стрессового состояния, которое начинает испытывать сотрудник. Они являются следствием растерянности человека, который перестает понимать, что ему нужно делать и почему работа у него не ладится. Обычно на этом этапе сотрудник задает себе вопросы: «Что происходит? И с чем это связанно?». Нервные усилия, которые сотрудник прилагает, пока не сказываются особенно заметно на

180

производительности труда, потому что он пытается справиться с затруднениями за счет более интенсивной работы, но увеличивается нагрузка на нервную систему. На этой стадии сотрудник еще легко контактирует с коллегами и руководством. Продолжается этот этап обычно от двух до четырех недель.

Стадия 2. Раздражение. Сотрудник продолжает получать разноречивые указания и информацию, а также чувствует, что ситуация не улучшается. Он начинает чувствовать раздражение, связанное с ощущением своего бессилия. Его поведение в этот период имеет несколько демонстративный характер. Производительность его труда возрастает, поскольку он прилагает все больше усилий в надежде на то, что его поймут и ему удастся справиться с мучающей его стрессовой ситуацией. Качество работы пока остается вполне удовлетворительным. Обычно он полагает, что если сделать достаточно много и зарекомендовать себя с лучшей стороны, но дать почувствовать руководителю свою неудовлетворенность сложившимся положением, то тот охотнее пойдет ему навстречу и устранит недоразумения. При непосредственном общении он склонен либо нарочито замыкаться в себе, либо занимать подчеркнуто оборонительную позицию. Длительность — не больше недели.

Стадия 3. «Двойная роль» (подсознательные надежды). Видя, что руководитель не принимает никаких попыток исправить сложившуюся ситуацию, подчиненный перестает сомневаться в том, кто виноват в возникших у него трудностях. Он по-прежнему раздражен позицией руководителя, но тактика теперь меняется. Он начинает утаивать служебную информацию, необходимую для успешного решения задач, стоящих перед его подразделением, надеясь на промах начальника, после которого можно было бы вполне аргументированно доказать, что уж он-то сам вполне успешно справится с этим делом. Производительность труда и качество его работы остаются пока нормальными. Менее заметными становятся признаки стрессового состояния. Подчиненный начинает избегать руководителя. Продолжительность стадии – менее четырех недель.

Стадия 4. Разочарование. Но на этой стадии сотрудник еще не потерял последней надежды. Подобно маленькому ребенку, он полагает, что если будет «вести себя плохо», то есть манкировать своими обязанностями, то начальник обратит на него внимание и попытается, наконец, разобраться, как ему помочь. Производительность труда снижается до минимально допустимого уровня. Теряется интерес к своим обязанностям. Трудности в общении с коллегами. Продолжительность стадии зависит от личности сотрудника.

Стадия 5. Потеря готовности к сотрудничеству. Наиболее очевидный симптом этой стадии – попытка сотрудника подчеркнуть словами или поступками, что «вот это и это – не мое дело». Движет им все та же надежда быть замеченными руководителем, который поможет восстановить нормальный ход работы и подорванный интерес к труду. Ложный оптимизм предыдущих стадий, который выражается в утверждениях, что «все проблемы в конце концов разрешаются сами», уступает место циничной позиции: «Зачем суетиться?». Суть этой стадии уже не в борьбе за сохранение интереса к работе, а в попытке сохранить самоуважение. Сотрудник принимается перечеркивать границы своих обязанностей, пытаясь максимально сузить их. Отношения с окружающими ухудшаются, потому что сотрудник все чаще начинает вымещать свое дурное расположение духа на коллегах, находя своеобразное удовлетворение в унижении других, переносит на весь коллектив разлад, который царит в его душе. Продолжительность периода – до трех недель.

Стадия 6. Заключительная. Окончательно разочаровавшись в своей работе, сотрудник либо перейдет на другое место, либо будет относиться к работе как к каторге.

Мотивация и стимулирование как основные инструменты сохранения удовлетворенновти персонала и удержания лучших работников

Мотивация – это внутреннее побуждение человека делать что-либо, обусловленное существующими у него потребностями и наличием реальных возможностей их удовлетворения.

Стимулирование – это внешнее поощрение деятельности человека, его побуждение к выполнению действий, необходимых для достижения поставленных целей.

Прежде чем говорить об особенностях мотивации и командообразования персонала фитнес-клубов, следует начать с того, чтобы определить, чем же работа в фитнес-клубе отличается от работы в других сферах обслуживания.

Одной из важных особенностей работы в фитнес-индустрии является многофункциональность персонала. В отличие от большинства компаний, где каждый сотрудник выполняет какую-то одну основную функцию (например, обеспечивает продажи, ведет коммуникации или обеспечивает техническую поддержку), сотрудники фитнес-клуба зачастую совмещают в себе несколько функций. Они и обеспечивают непосредственное проведение тренировки, и ведут коммуникации с клиентом, и осуществляют продажи, предлагая клиенту ту или иную дополнительную услугу или спортивное питание.

Кроме того, фитнес характеризуется присущей только ему спецификой продукта. Любой продукт или услугу можно условно разделить на две составляющие: «основной продукт» + полученное удовольствие от обслуживания. В гостиничном бизнесе, например, «основным продуктом» являются комфортные условия проживания, в ресторанном — вкусный обед. Без «основного продукта» услуга не состоялась бы как таковая. Полученное же удовольствие от обслуживания является своеобразным «бонусом», которое только увеличивает ценность услуги в глазах клиента и добавляет преимуществ бизнесу компании. Но все это не относится к фитнес-индустрии, ведь в этой сфере услуг удовольствие является одновременно и «основным продуктом», и именно оно является обязательным условием и конечной целью предоставления услуги. Без удовольствия фитнес теряет свой смысл и предназначение. И это, естественно, накладывает дополнительные требования к сотруднику фитнес-клуба.

Мотивация сотрудников

Проблема мотивации персонала волнует не одно поколение менеджеров. Многие компании ежегодно тратят огромное количество денег и других ресурсов компании на поднятие «боевого духа» своих сотрудников. Самые терпеливые руководители настойчиво исследуют особенности поведения своих подчиненных в надежде понять «а где же у него кнопка», которая заставит сотрудника работать лучше, больше и усердней. В менее благоприятном для персонала случае менеджеры компаний, устав смотреть на кислые физиономии немотивированных сотрудников, применяют более жесткие меры, вводя всяческие дисциплинарные взыскания за особо яркие проявления демотивации в коллективе.

Что же такое мотивация, и отчего она зависит? Согласно общепринятому определению, мотивация – это внутреннее желание сотрудника работать. Опыт показывает, что сотрудник изначально приходит в компанию с высоким уровнем мотивации. Действительно, все «новички», как правило, проявляют рвение к работе, стараются показать самые высокие результаты, выкладываясь на 100%.

Мотивация – это процесс стимулирования кого-либо (отдельного человека или группы людей) к деятельности, направленной на достижение целей организации. Мотивация необходима для продуктивного выполнения принятых решений и намеченных работ.

Почему же сотрудники через какое-то время теряют мотивацию? Причин этому может быть множество, и они могут заключаться как в самом сотруднике, так и во внешних факторах, таких, например, как условия работы или политика руководства по отношению к подчиненным.

Рассмотрим некоторые факторы, которые способны негативно повлиять на уровень мотивации сотрудников фитнес-клуба:

Стрессовые условия работы. Несмотря на, казалось бы, комфортную атмосферу в фитнес-клубах, сотрудникам этой сферы зачастую приходится несладко. Причиной этому не в последнюю очередь становятся клиенты. Часть людей приходит в фитнес-центры с целью расслабиться и снять стресс, соответственно, будучи «на взводе», и многие из них считают возможным выплескивать свои негативные эмоции на персонал клуба. К тому же, клиентура фитнес-клубов – состоятельные люди, и некоторые из них обладают «манией величия» и изначально надменным отношением к обслуживающему персоналу фитнес-клуба. Все это, естественно, не добавляет мотивации сотрудникам.

Необходимость постоянно «быть в форме». Каждый сотрудник, так или иначе вступающий в контакт с клиентом, выступает в роли «лица фитнес-клуба», поэтому постоянно должен демонстрировать положительные эмоции, излучать доброжелательность, позитив и умиротворенность. Однако сотрудники фитнес-клуба – тоже люди, у которых бывают перепады настроения, а необходимость постоянно изображать несуществующие эмоции утомляет психологически и отбирает много энергии.

Нехватка признания со стороны руководства. Как правило, руководство фитнес-клуба может отслеживать качество работы своего персонала только по общим показателям, поэтому редко отмечает индивидуальные заслуги подчиненных. Как бы сотрудник ни старался, его усилия теряются в общем потоке и не находят признания со стороны руководства.

Во многих компаниях руководители, заметив снижение мотивации персонала, считают нужным предпринять какие-то действия. К сожалению, очень часто эти действия выполняются, что называется, «по наитию», без предварительного анализа ситуации и возможных причин. Инструмент мотивации выбирается просто потому, что «так делают все», или по той причине, что менеджер просто не знает (и не стремится узнать) других способов влияния на мотивацию. Такой подход может иметь низкий эффект, а в отдельных случаях даже навредить.

Самые распространенные способы мотивации персонала фитнес-клуба: за и против

Рассмотрим распространенные инструменты, которые чаще всего используются руководителями фитнес-клубов для повышения мотивации персонала. Каждый из этих инструментов в какой-то мере эффективен, однако при определенных обстоятельствах может иметь и обратную сторону.

Инструмент мотивации	Преимущества использования	Возможные риски
Материальная мотивация: повышение заработной платы, бонусы, премии и т.д.	Самый простой и универсальный способ простимулировать сотрудника	Материальное поощрение обладает недолгосрочным эффектом и вызывает привыкание – максимум через 2-3 месяца мотивация сотрудника опять снижается, а регулярное повышение зарплаты начинает восприниматься как само собой разумеющееся. Однако руководитель не может постоянно повышать зарплату сотруднику, так как в какой-то момент это становится экономически невыгодным
Нематериальные стимулы: почетные звания, грамоты, кубки, награды, благодарственные письма и т.п.	Не требует значительных затрат. Сотрудник ощущает, что его заслуги ценятся. Способствует формированию у сотрудников лояльности и приверженности компании	В ситуации слишком частого использования такого способа мотивации сотрудники могут быть достаточно скептичны к подобным «титулам»

Проведение мотивационных и командообразующих мероприятий	Позволяет, помимо мотивации, решить другие вопросы: сплотить персонал, пообщаться, отдохнуть, развлечься и т.д.	Может быть достаточно затратным методом мотивации. Не работает в ситуации, когда нужно поощрить отдельных сотрудников
Возможности обучения и карьерного роста	Поскольку в нашей стране не существует качественных программ подготовки полноценных фитнес-специалистов (что вполне нормально на этапе формирования новой отрасли), многие сотрудники получают необходимые знания непосредственно на рабочем месте. Помимо узкопрофильных навыков, они также приобретают навыки сервиса, продаж, коммуникации, знания из области психологии и т.п., что значительно повышает ценность такого специалиста на рынке	Компания вкладывает значительные средства в дополнительное обучение и тренинги для сотрудников, при этом нет гарантий, что любой из них, достигнув более высокого уровня квалификации, не покинет компанию и не уйдет к конкурентам

Привлечение сотрудника к принятию решений, наделение его большей ответственностью	Предоставляет сотруднику возможность проявить себя, само реализоваться. Обеспечивает устойчивый и долгосрочный мотивационный эффект	Не у всех сотрудников есть потребность в расширении рамок ответственности – некоторые предпочитают просто делать свою работу

Как же действовать руководителю в таком случае? Как узнать, какой инструмент и в каких ситуациях работает? В этом поможет знание индивидуальных особенностей мотивации подчиненных.

Индивидуальный подход к мотивации сотрудников

Ниже представлены основные типы сотрудников фитнес-клубов по их мотивационным характеристикам, маркеры, по которым можно определить тот или иной тип, а также инструменты мотивации, которые будут уместны для каждого из типов сотрудников.

Тип сотрудника	По каким признакам можно определить этот тип сотрудника	Какие инструменты мотивации следует использовать для этого сотрудника
«Материалист»	• Ориентирован на вознаграждение • Не делает больше, чем от него требуется • Считает, что любое усилие, выходящее за рамки его обязанностей, должно оплачиваться в отдельном порядке	Материальное поощрение, прибавка к зарплате, бонус, премии, процент от продаж.

«Стабильный»	• Имеет давно установившиеся рабочие привычки • Беспокоится о результате • Любит правила и инструкции • Не любит изменений и неопределенности	Благодарности, признание.
«Коллективист»	• Получает удовольствие от работы командой • Заботится о том, чтобы иметь хорошие отношения со всеми сотрудниками • Хочет быть популярным	Коллективные мотивационные мероприятия.
«Честолюбивый»	• Любит и носит дорогую одежду, предметы и вещи высокого качества • Стремится иметь символы положения в обществе, громкую должность • Стремится, чтобы о нем думали как о профессионале • Любит похвалу и когда обращают внимание на его успехи • Любит быть в центре внимания	Благодарности, грамоты, звания. Карьерный рост
«Потенциальный»	• С готовностью берет на себя ответственность, проявляет инициативу • Любит новые благоприятные возможности • Любит поступать по-своему • Не любит правила • Хочет учиться • Много работает, хочет добиться успеха	Расширение зоны ответственности сотрудника. Привлечение к принятию решений. Возможности для обучения.

Тем не менее, несмотря на индивидуальные предпочтения, следует помнить, что для каждого сотрудника важна

190

как материальная, так и нематериальная мотивация, которая будет эффективной только при ее сбалансированном и дозированном применении.

Рекомендации по рациональному использованию материальной мотивации

Как рационально использовать материальную мотивацию? Денежная мотивация в виде прибавки к зарплате является эффективной и уместной в следующих трех случаях:

- Прибавка как вознаграждение за результат.
- Бонусы за результат.
- Процент от продаж.
- Пересмотр зарплаты на основании результатов работы.
- Прибавка как выражение благодарности.
- «Тринадцатая зарплата», премии в честь праздников.
- Премии за хорошую работу в течение определенного периода времени.
- Премия в честь успешного завершения проекта.
- Прибавка как компенсация за дополнительные усилия.
- Оплата внеурочных часов и рабочих выходных.
- Компенсация потраченных ресурсов (на рабочие поездки, питание и пр.).
- Оплата отдыха сотрудника (билеты в театр, путевка в санаторий, поездка за границу).

В любом случае, при финансовом поощрении сотрудника руководитель должен четко дать понять сотруднику, что прибавка ему полагается «не просто так», а за конкретные заслуги. Это нужно для того, чтобы у сотрудника не сложилось впечатление, что прибавка – это данность, и возникал стимул к новым достижениям.

Я всегда любил и люблю конкретику и практику. Поэтому

не буду описывать многие виды мотивации. Рассмотрим самые простые и рабочие варианты. Согласны?

1. Материальная мотивация. О ней знают все – это любое материальное поощрение сотрудника. Хотя в фитнес-индустрии не принята «тринадцатая» зарплата, но бонусы бывают. Зачастую эти бонусы связаны с перевыполнением плана. Такие бонусы бывают у отдела продаж, когда они много продают. Бывают у инструкторов, которые проводят больше персональных тренировок. Но у инструкторов просто повышается процент оплаты от стоимости тренировок.

Часто менеджеры фитнес-клубов злоупотребляют материальной мотивацией, идя на поводу у своего коллектива. Хотя бывают и обратные примеры, когда доброго слова не дождешься, а про деньги даже не заикаются.

Злоупотребление материальной мотивацией ее обесценивает. Ведь если постоянно кушать сладкое, оно будет горьким. Шучу. Просто это сладкое не будет таким вожделенным.

Рекомендации по *материальной мотивации*. Используйте материальную мотивацию в редких случаях при действительно высоких показателях. Если премируете сотрудника, сообщайте ему об этом. Можете для усиления эффекта сообщить всему коллективу на собрании. Чтобы был живой пример.

Как вариант материальной мотивации может выступать подарок косметики или спортивного питания, которое продает фитнес-клуб. Вы можете им поощрять заслуги коллектива.

Вы также можете сделать материальный презент для ребенка вашего сотрудника. Это будет вдвойне приятно.

Часто предлагают сделать скидку для родственников награжденного, или предоставляют ему гостевые визиты для родственников.

Вариантов материальной мотивации может быть гораздо больше. Но просьба – не злоупотребляйте ей. Ваши сотрудники проглотят первую порцию мотивации и будут требовать вторую. Причем вторая порция должна быть больше первой.

2. Нематериальная мотивация

Более сложный вид мотивации, ведь здесь никто платить и дарить материальные ценности не будет. Именно в нематериальной мотивации проявляется умение и профессионализм настоящего менеджера. Как сделать так, чтобы сотрудник без денег стал работать лучше?

Можно сделать, как в фаст-фуде – доску почета и номинацию «лучший сотрудник месяца».

В конце месяца выдавать вымпелы самым «прибыльным» сотрудникам. А в конце года подарить что-то материальное сотруднику, который соберет больше всего вымпелов. Ноутбук или гламурный смартфон. Хотя это – микс с материальной мотивацией.

Можно еще шоколадные медальки вешать на шею :).

Скептикам, которые читают эту книгу, это покажется смешным, но поверьте: даже самые суровые тренеры с волосатыми спинами и поломанными ушами любят, когда их награждают медальками и хвалят. Мы все родом из детства. Все были маленькими и родители в каждом воспитали свои наклонности и особенности.

Нематериальная мотивация как альтернатива денежному вознаграждению. Что же делать, если руководство компании не имеет возможности практиковать материальное поощрение работы сотрудников? В помощь руководителю можно предложить некоторые рекомендации относительно нематериальной мотивации, которые при постоянном использовании могут оказывать эффект, не уступающий, а то и превышающий эффект от финансового вознаграждения.

Подчеркивайте ценность сотрудника для компании. Продемонстрируйте сотрудникам, что вы заинтересованы в дальнейшем сотрудничестве с ними и их развитии в рамках компании.

Разрешите сотрудникам самостоятельно управлять своим развитием. Предоставьте сотрудникам возможность самостоятельно выбирать тренинги, которые они хотят посетить, а также другие методы своего развития в рамках компании.

Предоставьте сотрудникам полномочия. Это могут быть «полу-шуточные» полномочия – например, разрешите сотрудникам самостоятельно вручать награды коллегам, равным по положению.

Интересуйтесь мнениями сотрудников. Приглашайте сотрудников к участию в обсуждении рабочих вопросов. Даже если вы видите, что сотрудник не совсем прав, или его идея не очень ценная, старайтесь выслушать его и поблагодарить за выражение своего мнения.

Хвалите сотрудников за работу, направленную на достижение основных задач компании. Не оставляйте без внимания ни одно достижение сотрудника. Используйте различные способы выражения похвалы: начиная от публичной устной благодарности и заканчивая поощрительными записками с признательностью за хорошо сделанную работу.

Более пристально фокусируйтесь на индивидуальном подходе к сотрудникам. Дайте понять, что вы замечаете и реагируете, когда кто-либо проявляет старательность, возлагает на себя выполнение новых задач, справляется с решением проблем.

Демонстрируйте доверие к честности и уровню ответственности сотрудников. Ослабьте контроль, где это возможно. Минимизируйте количество жестких правил. Доверяйте сотрудникам самим контролировать свои действия в тех моментах, где сложно проверить их на правдивость: например, самостоятельно вести перечень своих ошибок при общении с клиентами.

Практикуйте кадровые перестановки. Используйте продвижение по должности, горизонтальную ротацию, организацию рабочих групп для решения конкретных проблем или принятия решений. Для многих людей практически любая кадровая перестановка, связанная с повышением их профессионального или должностного статуса, дает позитивный эффект. Иногда достаточно изменить название должности, чтобы повлиять на вовлеченность сотрудника в работу.

Обеспечивайте положительный эмоциональный настрой. Старайтесь меньше критиковать сотрудников, или, если же это необходимо, делайте это исключительно один-на-один. Чаще подбадривайте персонал.

Используйте развлечение в качестве стимула. Организуйте какое-нибудь развлечение для сотрудников, устраивайте праздники, с целью помочь переключиться и снять рабочее напряжение.

Помогайте сотрудникам. В случае ошибок или непонимания, не критикуйте подчиненного, вместо этого помогите разобраться в ошибке и решить проблему. Относитесь с пониманием к личным потребностям и проблемам сотрудников.

Нематериальная мотивация имеет еще одно крайне важное свойство, которое не может обеспечить финансовое вознаграждение, – она формирует определенную корпоративную культуру, обеспечивает позитивную атмосферу в коллективе, способствует установлению отношений между сотрудниками, командообразованию и формированию командного духа.

Командный дух – один из важнейших факторов успешной работы персонала фитнес-клуба, который должен быть нацелен на решение общих задач и придерживаться единой концепции.

3. Позитивная мотивация

Как это? Это просто – когда ты сдашь вот столько выручки, достигнешь плана тренировок, определенной суммы по продажам клубных карт, получишь вот такой бонус. Есть тип людей, которым важно знать, к какой цели они стремятся. И что в конце пути, если они все хорошо будут делать, их погладят по голове. Их желательно хвалить, они падки на лесть. Но помните: тут нельзя перестараться. Рискуете захвалить.

Хотя я сам наблюдал, когда тренер, выходя на смену, получал «пакет» комплиментов от менеджера. Менеджер говорил: Анатолий, ты реально красавчик. Такие накачанные плечи. Ты сегодня всех порвешь! И стодвадцатикилограммовый Анатолий растекался в улыбке и бежал делать план по тренировкам. Вот так.

4. Негативная мотивация

Если ты не выполнишь план, я тебе дам по ягодице рукой. Ну не Анатолию из прошлого примера :).

Часть народа, наоборот, любят когда за ними ходит цербер, и знают, что там вот будет наказание. Их это мотивирует. Просто их нельзя хвалить. Для них ощущение палки за спиной – лучшая мотивация. Важно это сразу выявить. А может, вы просто неправильно мотивируйте сотрудников, поэтому они плохо работают.

Не стесняйтесь проводить тестирование и опрос своих коллег, чтобы знать, как лучше их стимулировать достигать поставленных вами целей.

Практические рекомендации по мотивации фитнес-персонала

1. Когда здороваетесь с сотрудником, всегда называйте его по имени. Ведь собственное имя – это одно из самых приятных слов, которое слышит человек.

2. Введите привычку в комнате для персонала оставлять записку с словами: «Вы молодцы, спасибо».

3. Периодически можете награждать сотрудников, отпуская их домой пораньше со смены. Но не злоупотребляйте этим правилом. Иногда вы можете остаться и додежурить вместо поощренного тренера.

4. В комнате для персонала вывешивайте графики достижения результатов департаментов и каждого сотрудника. Ежемесячно обновляйте информацию о результатах работы – важно, чтобы все видели, как происходят изменения.

5. Приносите раз в месяц что-то вкусное для всего персонала, это может быть просто пара килограммов яблок.

6. Обязательно сделайте информационную доску возле рецепции или в тренажерном зале. На ней должны висеть фото всех сотрудников департамента и их регалии.

7. Старайтесь выслушивать пожелания своих сотрудников.

8. Придумайте награду для сотрудников, чью деятельность обычно не замечают. Это – уборщицы, технический персонал, охранники. Они тоже ждут похвалы, хотя не проводят персональные тренировки и не продают клубные карты. Но, поверьте, от их работы зависит качество обслуживания.

9. Просите сотрудников принимать участие в обсуждениях. Спрашивайте, как бы в данной ситуации поступил сотрудник.

Роль руководителя в обеспечении мотивации и командообразования сотрудников фитнес-клуба

Руководитель должен помнить, что его команда является отражением его собственной личности. Примеры известных и наиболее успешных фитнес-клубов как в нашей стране, так и за рубежом, красноречиво свидетельствуют о том, что за каждым из них стоит яркая личность руководителя, иногда владельца и идейного вдохновителя, чаще –

талантливого управляющего.

Модель поведения управляющего – образец для подражания его подчиненным. Позитивно настроенный, поддерживающий здоровый образ жизни, всегда ухоженный человек заряжает своей энергией окружающих. Важным умением руководителя как лидера является умение располагать к себе людей и убеждать их.

Руководитель не должен выделять себя как того, кто пользуется особыми привилегиями по сравнению с остальными сотрудниками. Например, если в фитнес-клубе не разрешено курить или пользоваться мобильным телефоном с включенным звуком, это правило должно касаться в том числе (и в первую очередь!) руководителя.

Следует разделять правила субординации и обычные правила вежливого человеческого общения. То, что руководитель выше по положению, не означает, что он может позволить себе не здороваться, не говорить «спасибо» или не придерживать дверь перед низшим персоналом.

Нередко фитнес представляет собой семейный бизнес, и вполне естественно, что среди персонала могут оказаться родственники и друзья руководителя. Эти особые отношения не должны быть заметны, а тем более демонстрироваться ни персоналу, ни клиентам фитнес-клуба.

Важную роль для мотивации и командообразования играет участие руководства в совместных инициативах, обучающих и командообразующих мероприятиях.

Менеджер фитнес-клуба, подобно батарейке, должен передавать заряд эмоций и любви своему коллективу. Несмотря на распространенный стереотип о том, что «в бизнесе нет места эмоциям и чувствам», фитнес-клуб как «империя чувств» не может существовать без эмоций и любви – прежде всего, любви руководителя к своему делу.

Однако большинство менеджеров и директоров

фитнес-клубов волнуют простые и приземленные вопросы, а не тонкие материи.

Как сделать, чтобы тренер не проводил левые тренировки?

Как сделать, чтобы тренер продавал спортивное питание клуба, а не свое?

Это проблема всей фитнес-индустрии. Недобросовестные инструкторы и хитрые клиенты, которые норовят сэкономить на тренировках.

Часть фитнес-клубов ставит камеры видеонаблюдения везде, где только можно, и как только тренер начинает уделять внимание клиенту, и это внимание не оплачено, то руководство рассматривает это как персональную тренировку.

К сожалению, однозначного ответа на эти вопросы – нет. Из моего опыта, «словить» левые тренировки очень тяжело.

Если у вас небольшой клуб, небольшой тренажерный зал и студии, то вы можете отслеживать. Но это же не детективный сериал, а работа фитнес-клуба.

Я бы внимательнее относился к вопросу подбора персонала. И четко проговаривал правила. Мол, за подозрение в левых тренировках сотрудник будет уволен. Да, он будет рассказывать, что вместе с ним уйдут все клиенты. Если они на годовых картах, никто никуда не уйдет. Максимум 10%, и то вряд ли. Так что угрозы тренеров безосновательны. Если вы будете далее терпеть левые тренировки, это приведет к полной разрухе.

В этом вопросе не должно быть полутонов. Все должно работать в отрытую, ведь небольшая гнильца приводит к полному загниванию всего коллектива.

Да, вы можете предложить просто аренду. Мол, плати вот такую сумму клубу, и проводи хоть левые, хоть правые тренировки. Но это не всегда выгодно клубу.

Обычно на аренду уходят более проворные тренеры, и

возникает вопрос, сколько с них брать арендной платы в месяц.

Я предлагаю простую формулу аренды для тренажерного зала. Стоимость персональной тренировки в вашем клубе мы умножаем на 100 тренировок и на 0,45 = вот такую сумму тренер платит вам в месяц. Если не устраивает – иди в другой клуб.

Согласен, что арендаторы приносят прибыль своими клиентами, которые покупают клубные карты.

Это очень спорный вопрос, важно, чтобы вы пробовали его решать, и решали, и не боялись. Вы должны пробовать разные варианты, не стесняйтесь поделиться своей историей со мной. Ведь проще решать задачу, когда есть вводные.

Из моего опыта, бывает так, что фитнес-клуб находится в небольшом городе, и директор трясется, чтобы тренеры не разбежались и позволяет им все что угодно. Это неправильно.

Знаю, такие директора говорят: «Вам легко рассуждать, ведь если эти ребята уйдут, мы потеряем очень много денег, и они перейдут к конкурентам».

Если вы готовы терпеть беспредел и у вас в клубе главные – тренеры, тогда зачем этому клубу директор? Его можно уволить. В клубе ничего не поменяется.

Как сделать, чтобы тренер продавал спортивное питание клуба?

Очень просто. Во-первых, найти закупку спортивного питания по самой низкой цене. Во-вторых, давать хороший бонус тренеру. Образно говоря, если у вас 30% зазора по закупке, то вы можете давать тренеру 20%, а себе брать 10%. Да, именно так. Ведь если вы ему предложите меньше, ему проще самому пойти договориться.

Кроме того, стимулировать его нематериальной мотивацией. «Лучший сотрудник месяца», грамота, вымпел и крепкое рукопожатие.

Еще – коктейли. У каждого тренера должен быть план по продаже коктейлей.

Потренировался клиент и идет пить коктейль за руку с тренером. Ведь клиент легко поддается внушению со стороны тренера. Поэтому смело можно продавать всю палитру спортивного питания. Тем более что с ним действительно проще достигать желаемых результатов. Согласны?

Оргструктура фитнес-департамента

Фитнес-клуб состоит из департаментов, как и любое другое предприятие. Перед тем, как говорить о департаментах, хотелось бы обратиться к вопросу концепции фитнес-клуба, ведь в правильно созданном фитнес-клубе заранее прописывают все департаменты и схему подчинения в них. Но ничего страшного, если в вашем клубе этого нет, либо есть, но не работает. Будем исправлять.

Есть самая простая схема, где используют вертикальную систему подчинения.

Есть генеральный директор, или просто директор, и ему все подчиняются. В каждом департаменте есть старший, и он – ответственный за вверенный ему департамент. Как уже отмечалось выше, важно четкое соблюдение субординации и постоянное выполнение вертикального подчинения. Ведь если не будет выстроена четкая менеджерская вертикаль (иногда ее называют жесткой), не будет ни результата, ни порядка.

Обычно все вопросы с организационной структурой прописывают в должностных инструкциях и отдельных распоряжениях. При создании клуба вертикаль рисуют вместе со штатным расписанием.

Каждый сотрудник должен знать, кому он подчиняется, и по какому вопросу он имеет право обращаться к каждому из менеджеров.

Когда новый сотрудник приходит в ваш коллектив, вы должны ему выдать папку с должностной инструкцией для ознакомления и подписания. В этой же папке должны быть ваши приказы, которые распространяются на департамент, в котором будет работать сотрудник. Это особенно важно для новых сотрудников. Ведь они могут нарушить внутренние приказы, просто не зная о них. А грамотно их адаптировать и подготовить к работе – это задача старшего по подразделению и менеджера клуба.

> **Важно**. У вас должна быть папка со всеми инструкциями и распоряжениями, которые вы издали за все время своей работы. И пришедший сотрудник должен с ними ознакомиться. Ведь очень часто приказы, которые вы вешаете на стенку в комнате для персонала, могут просто потеряться, либо «особо умные» сотрудники их могут сорвать. Поэтому все приказы у вас должны быть собраны в папке. А, как известно, незнание законов не освобождает от ответственности.

В конце книги вы получите пример составления должностной инструкции тренера тренажерного зала. Вы можете брать ее за основу для составления инструкций для других направлений. Также привожу и пример распоряжения.

В каждом направлении работы фитнес-клуба должен быть старший и ответственный за свое подразделение. Если его департамент не выполняет план, который вы поставили, нарушает дисциплину или получает жалобы, вы имеете право оштрафовать руководителя подразделения. Только необходимо заранее сообщать, что за невыполнение плана руководитель будет оштрафован.

> **Важно**. Я бы очень грамотно и осторожно использовал систему штрафов. Ведь это – уже крайний метод работы.

Очень часто я наблюдаю картину, когда менеджеры направлений очень сильно переживают за своих подчиненных, на собраниях воюют за их премии и бонусы. Хотя их подчиненные об этом даже не знают. Это похвально, но от ответственности не освобождает. А их подчиненные, бывает, подставляют своих руководителей, которым приходится отдуваться за всех. Прямо как у мушкетеров – один за всех и все за одного. Но чаще работает только первая часть поговорки. Вот такая несправедливость...

Грамотно выстроенная оргструктура в фитнес-департаменте необходима для бесперебойной работы всего клуба.

На что следует обратить внимание:

- отчетность. Каждый сотрудник департамента обязан сдавать свои отчеты, руководители подразделений обязаны их обрабатывать и передавать фитнес-менеджеру;

> **Важно.** Сотрудник должен знать форму отчета, который он должен подавать. Я настойчиво рекомендую автоматизировать фитнес-клубы, но при этом проверять систему. Часто человеческий фактор может перечеркнуть работу грамотной программы.

- фитнес-менеджер должен анализировать отчеты, выстраивать свои прогнозы и формировать планы для каждого сотрудника или департамента в целом;
- точность. Все в фитнес-клубе должно работать, как

часы, все должны знать свое место, свое время и беспрекословно выполнять распоряжения руководителей.

Кроме вертикальной системы подчинения есть еще горизонтальная.

Внутренний PR
(мероприятия, праздники)

В нашем обществе очень сильно нивелировано значение слова «клуб» и понятие клубной карты. Ведь клуб – это некое закрытое общество, группа людей по интересам. А у нас взял, купил клубную карту, и ты – член клуба. Неважно, что у тебя интересы совсем другие. Важным показателем «клубности» являются внутренние мероприятия и праздники, которые проходят в вашем фитнес-клубе, какого размера и класса он бы ни был.

Важно. Клиенты любят, когда их развлекают, когда им что-то дарят. Если у вас очень большой клуб, то в нем должен быть менеджер по пиару или рекламе (хотя в реальной жизни это разные специальности, в фитнес-индустрии очень часто эти должности совмещают). Иногда эти функции автоматически перебрасывают на фитнес-директора или фитнес-менеджера.

Если же у вас в клубе нет такой должности, то, скорее, всегда всем нижеперечисленным будете заниматься вы сами.

Для начала вам нужно составить план мероприятий, желательно на шесть месяцев – одно мероприятие в месяц на один клуб. Если у вас сеть фитнес-клубов, то вы можете либо дублировать событие, либо совмещать (если позволяет территориальное местоположение, чтобы не вызывать дискомфорт для клиентов). Бывают юмористы, которые проводят в сети фитнес-клубов мероприятия, такие как утренние пробежки в конкретном фитнес-клубе, а клиенту другого клуба физически неудобно ехать утром через весь город, чтобы побегать в компании фанатов бега.

Есть самые банальные праздники, такие как Новый год, 14 февраля, 8 марта, лето, начало учебного года, начало сезона, день рождения фитнес-клуба, у особо фанатичных – день рождения хозяйки или хозяина клуба.

Я немного опишу формат праздников и дам свои рекомендации по их проведению, далее мы затронем вопрос конкурсов для клиентов (поверьте, они это очень любят).

Итак, праздники:

1. Новый год

Его празднуют все фитнес-клубы. Тут либо отдельное празднование для клиентов, хотя клиенты хотят праздновать с тренерами, либо совместное. О том, как празднуют тренеры, не буду писать. Там просто пьянка и все :). Если вы планируете организовывать празднование Нового года для клиентов, вы должны понимать формат мероприятия и его бюджет. Также – место проведения, и кто из клиентов там будет присутствовать. Это могут быть тематические вечеринки, которые были популярны в начале 2000-х. Может быть просто дискотека в ночном клубе. Здесь все будет зависеть от бюджета, клиентов клуба (взрослые или молодые) и уровня клуба.

Я рекомендую организовывать Елку для деток клиентов клуба, это обычно трогательно. Переодеваете инструкторов в пиратов или нежных котиков, и вперед, публику веселить. Иногда, правда, над такими шоу ржут больше сотрудники, чем перепуганные детки клиентов. Обычно детскую Елку организовывают в 20-х числах декабря, пока родители, так сказать, могут прийти своим ходом :).

Также рекомендую дарить клиентам какие-то символические сувениры. Они это любят и к этому их могли приучать в других фитнес-клубах. Причем самое неприятное для вас будет, когда клиент на рецепции скажет: «А вот в том клубе меня на прошлый Новый год поздравляли и что-то дарили». Поэтому не жмитесь. Соберите коллектив и устройте мозговой штурм на предмет бюджетного подарка для каждого клиента. Это реально круто, ведь клиент принесет его домой и скажет: «А мне вот в клубе фикус подарили». Сколько семей услышат о клубе?

2. 14 февраля

«День всех влюбленных» — любимый праздник на постсоветском пространстве. Все любят дарить друг другу подарки, причем не всегда это подарки для влюбленных. Самые банальные акции: придите вдвоем и получите скидку. Я, наверное, сноб и живу неправильной жизнью. Но 14 февраля я хожу с супругой в кафе или в кино, а не в фитнес-клуб. А то вдруг она воспримет преподнесенную клубную карту как намек на то, что она недостаточно худая. Но акция есть и, вроде, пользуется спросом, раз ее проводят каждый год. Вы можете придумать оригинальные подарки парам или семьям, которые тренируются у вас. Именно парам, чтобы для остальных был стимул ходить в клуб со своей второй половинкой.

Смешной пример

На 14 февраля в один из фитнес-клубов пришло два молодых человека, желающих купить две карты, мол, это мой друг, и я хочу, чтобы мы вместе ходили в клуб. Администраторы звонят: «Тут у нас два мальчика стоят, хотят купить карты на 14 февраля. Что делать?» Я им сказал, чтобы продавали и не задавали глупых вопросов. Это личное дело клиентов, с кем и куда они ходят, и кого любят. Как оказалось позже, это просто друзья, которые решили схитрить и купить карты со скидкой. Вот такой у нас проворный народ.

3. 8 марта

Любимый праздник всех женщин. Обычно в фитнес-клубах делают акцию 8% скидки или восемь подарков для девушек в день 8 марта. Слишком банально. Может делать 9% скидки? Не понятно. Акцию делать надо. Некоторые фитнес-клубы умудряются 8 марта наливать шампанское девушкам на рецепции. Опасно, ведь после тренировки алкоголь быстрее усваивается, и потом могут быть проблемы. И еще угощают шоколадом... Юмористы :).

Я бы делал акцент на клиентов клуба, ведь получить клубную карту на 8 марта для девушки — не совсем то, она ждала цветов, украшений и духов, а ей бац — карту, ходи бегай по вечерам. Опасный может быть подарок.

4. Юбилей клуба

Действительно важный праздник. Ведь не все клубы празднуют свою пятую годовщину, это факт. Многие закрываются в течение первых трех-четырех лет. Пять лет — это рубеж. Хотя начинают праздновать заранее. Первая годовщина обычно сама мощная, запал, все танцуют — либо в клубе, либо в кабаке. Иногда, бывает, проводят закрытые вечеринки «для своих», либо VIP-клиентов. Я за то, чтобы проводили мероприятие для всех клиентов. Предлагали какие-то подарки или скидку на карту. «Ура, нам один год». А бывает и так: ура, нам один год, но мы жлобы и ничего не будем делать. Радуйтесь, что клиенты поддерживают вас и ходят в клуб, их за это следует благодарить.

Сотрудники групповых программ просто обязаны «забабахать» шоу-программу, костюмированную. Не забывайте это все снимать на фото и видео и выкладывать в интернет. Чтобы конкуренты знали, как вы можете «зажигать».

Инструкторы других направлений тоже могут оторвать задницу от жима ногами, и показать что-нибудь экзотическое. Выжать больше всех, протянуть автобус или скушать больше всех куриной грудки (шутка). Но ваши существующие клиенты хотят хлеба и зрелищ, и зачастую с фуршетом происходит эконом-версия. А вот с шоу можно не экономить и собственными силами сделать сильнейшее мероприятие, чтобы о нем еще пару месяцев говорили в городе.

> **Важно**. Все активности в клубе надо обязательно записывать на видео. Помните об этом. И фотоотчеты в социальных сетях. Провели утренник, все сфотографировали. Если нет фото, значит и события не было. Ведь фото смогут увидеть больше людей, чем было на самом событии.

Правильные решения кадровых вопросов

Четырнадцать принципов эффективного менеджмента

1. Ваша задача: заработать больше, наняв меньше сотрудников.

Это правило используется в большинстве фитнес-клубов, с поправкой: на администраторах обычно экономят, и это наносит вред всему фитнес-клубу.

2. Менеджмент – это сделать дело силами других людей (Вине Зирполи). Мне нравится это определение – возможно, оно достаточно дерзкое, но это факт.

3. Если клиенты недовольны, бизнес долго не протянет. За отговорки не платят, оправданиями не выполняют заказ. Вводите политику «без оправданий».

Я очень часто своим сотрудникам говорю: «В конце месяца придут платежки за свет и аренду помещений. И оправдания не помогут. Либо ты платишь, либо съезжаешь». А вот тренеры иногда этого не понимают.

4. Кража сотрудниками вашего времени – это кража денег. Сколько стоит ваше время?

Вы должны понимать, что ваше время стоит денег. Если вы его тратите неэффективно, вы теряете деньги (доходность для вашего фитнес-клуба).

5. Ваша стратегия должна отличаться от конкурентов, иначе вы станете просто еще одной безликой компанией.

Часто замечаю, когда сотрудник работал в одном фитнес-клубе, он все правила и документы переносит в новый клуб. И второе место работы становится точной копией предыдущего. Это не совсем верно, в новом клубе вы должны применять правила, которые работают, и нарабатывать новые, которые будут подчеркивать уникальность нового фитнес-предприятия.

6. Внушайте сотрудникам миссию компании с первого рабочего дня.

Пикантный вопрос – возможно, вы подумаете, что я перегибаю палку. Но у фитнес-клуба должна быть миссия. А она есть у вас?

7. Покажите сотрудникам, что они вам небезразличны, оставаясь, когда нужно, твердым. Я уже об этом говорил, не надо быть человечным слишком часто.

8. Научите сотрудников не врываться с новой проблемой без базовой информации, необходимой вам для принятия решения, и без трех возможных вариантов выхода из положения.

Это ключевое правило работы. Часто сам становился жертвой таких подчиненных. Приходят: вот у нас тут проблема. На мой вопрос, а что вы сделали для решения этой проблемы, получаю ответ – ну вы же тут менеджер, мы ждем ваших команд.

Горе мне, горе. Научите ваших подчиненных и коллег думать самостоятельно, принимать решения в зонах их компетенции.

9. Руководитель должен доверять своей команде. Без этого невозможно создать сплоченный коллектив. Позвольте людям делать то, за что вы им платите.

Вы можете быть суперумным, но вы никогда не победите в одиночку. Я сам пробовал, льстил себе. Результат был плохой. Поэтому помните: побеждает только команда. Вы можете долго искать своих коллег, это не быстрый процесс. Форсируйте команду и побеждайте. Посредственная команда сможет победить гениального менеджера-одиночку.

10. Менеджер никогда не должен критиковать личность, а только поступки. Указывать на ошибки стоит в прошедшем времени: так вы дадите понять, что в будущем это не повторится снова, человек способен исправиться.

11. Руководитель не должен бояться своих слабостей, но и не может дать повод усомниться в своем авторитете. Нельзя рассказывать, что вы сомневаетесь в своих решениях.

Это чаще бывает у менеджеров-девушек. Ну из моего опыта. Они могут иногда дать слабину. И за эту слабину могут зацепиться коллеги и подчиненные.

12. Наладьте хорошие отношения с женщинами вашего коллектива.

Эта рекомендация относится как к мужчинам, так и к женщинам. К последним женщины еще придирчивее. Как известно, репутация – это то, что говорят у вас за спиной, и ее формирует общественное мнение. А по словам Л.Н. Толстого, «учреждения во власти мужчин, а общественное мнение во власти женщин». Информация быстрее распространяется женщинами в силу их более высокой коммуникабельности.

13. Скромность украшает только сначала, а потом к человеку относятся так, как он сам себя поставит.

14. Если хотите погубить дело и свой авторитет, пригласите на работу друзей и родственников. Встречаю это сплошь рядом. Вот это – моя подруга детства, это – мой племянник.

Запомните это правило: никаких друзей и родственников. За всю мою работу я ни разу не встречал успешных тандемов из родственников. Это может быть хорошо в начале работы, но при первом же конфликте будет неприятность.

Выражение «правильные решения кадровых вопросов», наверное, не совсем правильно звучит. Ведь решения, которые приходится принимать менеджеру, сложно назвать правильными. Хоть и правда одна, и понятие «бизнес» уже знакомо.

Возникает один вопрос, как должен принимать решения менеджер? На что ему опираться? Кого слушать?

Я рекомендую принимать решения, которые отстаивают интересы бизнеса, точнее – фитнес-клуба.

Важно. Запомните, ваша работа должна нравиться собственнику (повторяю второй раз).

Вы можете быть не сильно успешным, но работа ваша будет приятна собственнику, и вам предоставят второй шанс.

Вопрос взаимоотношений между менеджером и собственником чрезвычайно важен. В идеале, должно быть доверие и понимание. Но это бывает редко. Чаще собственник, не соблюдая субординации, приходит в клуб и без менеджера начинает «рулить», аргументируя тем, что он собственник и все такое. Знакомо?

Иногда собственник может неожиданно нагрянуть в клуб, чаще в плохом настроении, и, как всегда, именно в этот момент что-то перестанет работать и всем будет полный звиздец.

Если собственник является членом фитнес-клуба и посещает его регулярно, рекомендую все рабочие вопросы решать перед тренировкой. Вылавливать его перед походом в тренажерный зал и ринг, быстро спрашивать.

Есть собственники, которые просят в фитнес-клубе их вообще не трогать. Мол, все обсудим на собрании в понедельник и в среду. У каждого свой «день икс».

Часто сталкивался с неким самоуправием собственников. Как пример: собственник говорит «уволь этого сотрудника». На вопрос: почему? – ответ очень простой и неприятный: «Я так сказал».

Меня как менеджера такие ответы сильно бесят. Понятно, что инвестор вложил средства в фитнес-клуб. Но возникает вопрос: зачем нанимать менеджера, если ты сам принимаешь решения? Либо другой вариант, когда собственник говорит: «Возьми эту девушку на работу». На тот же вопрос: почему? – ответ такой же: «Я так сказал», либо это дочка прокурора, или, еще хуже, это просто очень хороший человек. Как я люблю говорить, очень хороший человек – это не специальность.

И что делать в таких ситуациях?

Когда менеджеры имеют формальную должность без полномочий, когда собственник лезет туда, куда не стоит лезть. Я уверен эту книгу читают собственники фитнес-клубов, и у меня к ним большая просьба: не делайте так. Ведь своими действиями вы показываете коллективу, кто тут хозяин, и кто принимает решения. После таких заявлений или действий весь коллектив перестает подчинятся менеджеру. Зачем? Ведь есть собственник.

Столкнувшись с ситуацией, когда мне стали навязывать директора департамента одного фитнес-клуба, который я открывал, я занял принципиальную позицию. Сказал, что если я возьму этого руководителя направления по протекции собственника, то я снимаю с себя ответственность за его работу и работу его направления. Ситуация была критическая, заказчики хотели разрывать со мной договор о консалтинговых услугах.

Когда этого псевдоменеджера знакомили со мной, а это была женщина, она мне сказала, что тренирует хозяина, и она тут главная, а я – никто. Круто. И если я ей буду задавать вопросы, она просто плюнет мне в лицо. Это стало последней каплей моего терпения.

Важно. Запомните, если вы прогнетесь один раз, всю жизнь будете ходить сгорбленным.

В той ситуации заказчик взял неделю на принятие решения, и в итоге согласился на мои условия. Бросив мне в лицо фразу: «Если мы не достигнем желаемых результатов, у вас будут неприятности».

Менеджера направления я на работу в клуб не взял.

Знаю, что, читая эти строки, вы ухмыляетесь, думая: а вот с нашим бы собственником он бы точно так себя не повел.

Отвечу и развею ваши сомнения: лучше не делать вообще, чем делать вполсилы.

Я вам говорю это серьезно: есть проекты, от которых я отказывался, понимая, что заказчик будет сам руководить клубом, а результат требовать от меня.

Пару раз в жизни мне приходилось, ослушавшись собственника, принимать собственные решения. Когда собственник говорит: «Надо уволить вот этого тренера, он плохо работает». «Да, он плохо работает, но у него есть перспектива, и я в него верю», – отвечал я.

«Я сказал уволить!» – кричал собственник.

Я с ним соглашался, но втихаря позволял тренеру работать. Пряча его от глаз собственника (это был большой клуб).

Скажу больше: я понимал, что меня могут уволить вместе с тренером, ведь я ослушался приказа.

Признаюсь, я пару раз ошибался. За что понес серьезные наказания.

Рекомендую ли я вам повторять мой горький опыт? Однозначно нет. Если вы хотите проверить себя, можете раз ослушаться собственника. Но всю ответственность за сотрудника, которого вы не уволили, вы берете на себя, я это называю так: теперь мы повязаны одной лентой и ко дну пойдем вместе. К сожалению, не все сотрудники понимают, на какие жертвы идет менеджер, пытаясь сохранить этого тренера или администратора.

Вы должны быть уверены в своей команде, ведь без нее вам не выиграть.

А до своего собственника вы должны аккуратно донести, что, так как вы тут несете ответственность за работу всего клуба либо департамента, то было бы хорошо, если бы принимали решение вы. Знаю, что разговор для вас может закончиться увольнением. Но по-другому никак нельзя. Рано или поздно вас обвинят в безрезультативности работы, хотя все решения принимал собственник, и вас показательно уволят, ведь нужно на кого-то возложить ответственность за провал.

Есть золотое правило: все условия нужно уточнять на берегу, потом, в море, будет поздно.

Наблюдаю за собственниками, берущими менеджеров, которые им не перечат. Просто для красоты. Возможно, это слишком резко, но я себе могу позволить так говорить. Несколько раз был на таких встречах, когда менеджер клуба готовил меня к встрече с собственником. Как боксера перед выступлением. Вы это ему говорите, а вот это лучше не говорите.

Причем на эту встречу меня приглашал менеджер, который никак не мог уговорить собственника решить ряд вопросов.

Встреча была очень веселая. Собственник два часа играл в теннис, а мы с менеджером сидели и ждали. Когда он закончил, подошел, не поздоровался, и спросил, какого лешего я приперся? Хорошее начало, приятное знакомство.

Больше всего я сочувствовал менеджеру, который там работал. Каждый выбирает свой путь, кто-то готов прогибаться и целовать собственников в ягодицу, кто-то себя ведет гордо и этого не делает. Но вскоре лишается должности.

216

Я надеюсь, вы сможете найти компромисс со своим собственником или группой инвесторов. Да, кстати, неоднократно замечал, как директором клуба назначают бывшего военного. Выглядит это часто просто смешно и напоминает не фитнес-клуб, а стильную казарму. Порядок – это хорошо, но порядок – это еще не залог увеличения прибыльности.

На мой вопрос, почему вы назначили этого директора, ответ очень простой: «Я ему доверяю и много лет его знаю».

На мой взгляд, это большая ошибка. Ведь менеджер приходит на работу в фитнес-клуб, чтобы зарабатывать деньги себе и приносить прибыль инвестору. Да, ему необходимо доверять. Но это может быть абсолютно незнакомый человек.

Говоря о кадровых вопросах, вы должны прогнозировать наперед, как поведет себя тот или иной сотрудник. Часто замечаю тенденцию, что среди всех фитнес-тренеров или администраторов самым преданным клубу оказывается человек, который был самым слабым в самом начале. Это факт. Возможно, у вас не так?

Теория лидерства

Для того чтобы быть хорошим лидером своего фитнес-клуба, нужно знать, какие теории лидерства существуют, какие модели лидерства направлены на результат, а какие, наоборот, направлены на процесс.

В теории лидерства выделяют четыре подхода:

1) с позиции личностных качеств;

2) поведенческий;

3) ситуационный;

4) лидерство на основе эмоционального интеллекта.

Подход с позиции личностных качеств

Согласно теории личностных черт, или теории великих

людей, выдающиеся лидеры обладают определенным набором личностных качеств, например, такими, как уровень интеллекта, яркая внешность, здравый смысл, инициативность, уверенность в себе, надежность, активность и др.

Однако исследования показали, что лидеры различались между собой по выделенным качествам, и по-разному проявляли себя в зависимости от ситуации (Стогдилл, 1948).

Поведенческий подход

Сторонники поведенческого подхода считали, что эффективность лидера определяется стилем руководства, то есть привычной манерой поведения руководителя по отношению к подчиненным, чтобы оказать на них влияние и способствовать достижению поставленных целей.

Курт Левин первым описывает три стиля руководства (поведения лидера): авторитарный, демократический, либеральный.

Авторитарное руководство характеризуется высокой степенью единоличной власти руководителя: руководитель определяет все стратегии группы; никаких полномочий группе не делегируется.

Демократичное руководство характеризуется разделением власти и участием трудящихся в управлении; ответственность не концентрируется, а распределяется.

Либеральное руководство характеризуется минимальным участием руководителя; группа имеет полную свободу принимать самостоятельные решения.

В своем исследовании Левин обнаружил, что авторитарное руководство добивалось выполнения большего объема работы, чем демократичное. Однако на другой чаше весов были низкая мотивация, меньшая оригинальность, меньшее дружелюбие в группах, отсутствие группового мышления, большая агрессивность, проявляемая как к руководителю, так и к другим членам группы, большая подавляемая тревога и одновременно более зависимое и покорное поведение.

По сравнению с демократичным, при либеральном руководстве объем работы уменьшается, ее качество снижается, появляется больше игры, и при опросах предпочтение отдается демократичному руководителю.

Дуглас МакГрегор разрабатывает теорию X и теорию Y, известную нам также как теория «Кнута и пряника».

Согласно теории «X»:

1. Люди изначально не любят трудиться, и при любой возможности избегают работы.
2. У людей нет честолюбия, и они стараются избавиться от ответственности, предпочитая, чтобы ими руководили.
3. Больше всего люди хотят защищенности.
4. Чтобы заставить людей трудиться, необходимо использовать принуждение, контроль и угрозу наказания.

Согласно теории «Y»:

1. Труд – процесс естественный. Если условия благоприятные, люди не только примут на себя ответственность, они будут стремиться к ней.
2. Если люди приобщены к организационным целям, они будут использовать самоуправление и самоконтроль.
3. Приобщение является функцией вознаграждения, связанного с достижением цели.
4. Способность к творческому решению проблем встречается часто, а интеллектуальный потенциал среднего человека используется лишь частично.

Рэнис Лайкерт и его коллеги из Мичиганского университета разрабатывают модель лидерства, согласно которой существует две ориентации руководителя: либо на работу, либо на человека. В дальнейшем они выделили четыре стиля лидерства:

1) эксплуататорско-авторитарный (ориентирован на задачу, жесткий и авторитарный лидер);

2) благосклонно-авторитарный (отношения авторитарны, но присутствует также ограниченное участие подчиненных в принятии решений);

3) консультативно-демократический (отношения руководителя и подчиненного в значительной степени доверительны и открыты);

4) основанный на участии (подчиненные принимают участие в принятии решений).

По мнению Лайкерта, лидерство, основанное на участии, наиболее эффективно, однако, как показали дальнейшие исследования, – не всегда.

Группа ученых университета штата Огайо, развивая идеи МакГрегора и Лайкерта, провела ряд исследований и внесла существенное дополнение. Предыдущее деление руководителей на субъектов, ориентированных только на работу, и только на людей, оказывается неверным! Было выявлено, что руководитель может проявлять различную степень внимания к подчиненному и структурированию проблем.

Управленческая решетка Блэйка-Мутона была разработана на основе идей ученых из штата Огайо. За основу были взяты две оси: «забота о человеке» и «забота о производстве», различное соотношение координат которых определяло один из пяти стилей руководства:

1. *Страх перед бедностью.* Со стороны руководителя требуется лишь минимальное усилие, чтобы добиться такого качества работы, которое позволит избежать увольнения.

2. *Дом отдыха.* Руководитель сосредоточивается на хороших, теплых человеческих взаимоотношениях, но

мало заботится об эффективности выполнения заданий.

3. *Авторитет – подчинение.* Руководитель заботится об эффективности выполняемой работы, но обращает мало внимания на моральный настрой подчиненных.

4. *Организация.* Руководитель достигает приемлемого качества выполнения заданий, находя баланс между эффективностью и хорошим моральным настроем.

5. *Команда.* Благодаря усиленному вниманию к подчиненным и эффективности, руководитель добивается того, что подчиненные сознательно приобщаются к целям организации. Это обеспечивает и высокий моральный настрой, и высокую эффективность.

Наиболее эффективным стилем руководства с точки зрения авторов было поведение руководителя в позиции №5.

Ситуационный подход

Отражает тот факт, что на эффективность лидера влияют не только личностные качества и стиль руководства, но и различные ситуационные факторы, например такие, как потребности и личные качества подчиненных, характер задания, влияние среды, наличие у руководителя информации. Другими словами, руководитель-лидер должен уметь вести себя по-разному в различных ситуациях. Данный подход оказался наиболее эффективным с точки зрения практики управления. Его представляют четыре ситуационные модели:

– ситуационная модель руководства Фидлера;

– подход Митчела и Хауса «путь – цель»;

– теория жизненного цикла Херси и Бланшара;

– модель принятия решений руководителем Врума-Йеттона.

Ситуационная модель руководства Фидлера

Фидлер считает, что каждой ситуации соответствует свой наилучший стиль поведения руководителя, но руководитель не может менять свой стиль в зависимости от ситуации. В своей модели Фидлер развивает идеи о лидере, ориентированном на задачу, и лидере, действующем через отношения, но он вводит три фактора, влияющие на ситуацию:

1. Отношения руководителя и подчиненных: хорошие (лояльность, доверие, симпатия) и плохие.
2. Структура задачи: структурированная задача (четкость постановки, привычность для подчиненного) и неструктурированная.
3. Должностные полномочия руководителя: сильные (у руководителя много формальной власти, полномочий, может вознаграждать подчиненного) и слабые.

Таким образом, Фидлер выделяет восемь ситуаций, в каждой из которых наиболее эффективен один из стилей лидирования, ориентированный на задачу то есть четкое принятие решений, постановка целей, жесткий контроль над подчиненными) или же ориентированный на человеческие отношения (то есть путем мотивации и поддержки сотрудников). На практике данная модель может эффективно использоваться, например, при расстановке кадров.

Подход «путь – цель» Митчела и Хауса

Согласно этой модели, руководитель может влиять на подчиненных в процессе их пути к достижению цели. На разных отрезках пути движения к цели в зависимости от ситуации и потребностей подчиненных лидер применяет один из четырех стилей руководства.

1. Инструментальный стиль (аналогичен стилю, ориентированному на работу или на задачу) проявляется в том, что подчиненным сообщают, чего от них хотят, дают им конкретные указания, что и как нужно делать, тем самым делая роль руководителя группы понятной всем. Руководитель составляет графики работы, поддерживает определенные стандарты исполнения, просит подчиненных придерживаться правил и процедур. Стиль используется, когда подчиненные готовы выполнить задачу, ждут только указания «начать», а также в случаях, в которых характер задачи не вполне однозначен.

2. Стиль поддержки (аналогичен стилю, ориентированному на человека или на человеческие отношения) характеризуется заботой руководителя о потребностях и благополучии подчиненных. Руководитель поддерживает приятную атмосферу, заботится об условиях труда, он демократичен и открыт. Даже в мелочах такой руководитель старается сделать труд работников более приятным, общение происходит на равных. Стиль эффективен, когда подчиненные нуждаются в самоуважении и приобщении к интересам компании.

3. Стиль, поощряющий участие, характеризуется тем, что руководитель делится имеющейся у него информацией со своими подчиненными и использует их идеи и предложения для принятия решений. Сильный акцент делается на консультации. Он эффективен в случае, когда для подчиненных важны цели компании и они стремятся участвовать в процессе управления.

4. Стиль, ориентированный на достижение, характеризуется постановкой перед подчиненными довольно трудоемкой цели, ожиданием, что они будут работать в полной мере своих возможностей. Руководитель стимулирует подчиненного к постоянному повышению индивидуального результата, одновременно поддерживает уверенность в способности к сверхэффективной работе. Стиль эффективен в том случае, когда подчиненные стремятся к высокому уровню достижений, и уверены в том, что способны достичь такого уровня.

Модель принятия решений руководителем Врума-Йеттона

Модель Врума-Йеттона больше ориентирована не на стиль лидерства, а на принятие решений, при этом она подчеркивает отсутствие универсального способа влияния на подчиненных. Выбор стиля зависит от меняющихся переменных ситуации принятия решений.

Согласно этой модели, руководитель выбирает один из пяти стилей руководства, ориентируясь на помогающие ему в этом древо решений и семь вопросов: пять стилей принятия решений по Вруму-Йеттону:

• А1. Вы сами решаете проблему или принимаете решение, используя имеющуюся у вас на данный момент информацию.

• АII. Вы получаете необходимую информацию от своих подчиненных и затем сами решаете проблему. Получая информацию, вы можете сказать или не сказать своим подчиненным, в чем состоит проблема. Роль ваших подчиненных в принятии решений – предоставление необходимой информации, а не поиск или оценка альтернативных решений.

• СI. Вы излагаете проблему индивидуально тем подчиненным, кого это касается, и выслушиваете их идеи и предложения, но не собираете их вместе в одну группу. Затем вы принимаете решение, которое отражает или не отражает влияние ваших подчиненных.

• СII. Вы излагаете проблему группе ваших подчиненных, и весь коллектив выслушивает все идеи и предложения. Затем вы принимаете решение, которое отражает или не отражает влияние Ваших подчиненных.

• GII. Вы излагаете проблему группе ваших подчиненных. Все вместе вы находите и оцениваете альтернативы и пытаетесь достичь согласия (консенсуса) касательно выбора альтернативы. Ваша роль схожа с председательской. Вы не пытаетесь повлиять на группу, чтобы она приняла «ваше» решение, а хотите принять и выполнить любое решение, которое вся группа сочтет наиболее приемлемым.

Лидерство на основе модели эмоционального интеллекта

Эта концепция считается самой молодой, она была разработана Д. Гоулманом, профессором Чикагского университета в 1980-90 гг. XX века. Согласно этой концепции, эффективное лидерство означает управление эмоциями других людей.

Лидер, обладающий высоким эмоциональным интеллектом, обладает способностью осознавать собственные чувства и чувства других людей, а также управлять ими.

Навыки и компетенции лидера с высоким эмоциональным интеллектом:

• Осознание собственных чувств – умение замечать и осознавать свои чувства, тонко дифференцировать их.

• Управление собственными чувствами – умение справиться с разрушительными импульсами и контролировать негативные эмоции; гибко приспосабливаться к ситуации, «настроить» себя на нужный лад – на победу, выигрыш и т.д.

• Осознание чувств другого человека – умение проявлять эмпатию (сопереживание чувствам других людей), понимание, и быть участливым.

Управление чувствами других людей – умение оказывать эмоциональное воздействие в различных ситуациях взаимодействия с подчиненными, влиять и воодушевлять, урегулировать конфликты, создавать команду и укреплять командный дух, укреплять и поддерживать личные взаимоотношения с работниками, помогать другим в самосовершенствовании, инициировать изменения и вести работников в новом направлении.

С точки зрения теории лидерства модель эмоционального интеллекта предлагает руководителю обратить внимание на развитие и совершенствование всех четырех способностей, связанных с осознанием и управлением эмоциями и чувствами. Данная теория подтверждается целым рядом практических исследований.

Что такое модель индивидуальных различий DISC У. Марстона

Модель Марстона основывается на описании наблюдаемого поведения, то есть того, как человек действует, и содержит два очень полезных инструмента:

1) экспресс-диагностику человека в течение первых 10-20 минут общения;

2) объяснение базовых мотиваторов этого человека и, следовательно, его преференций, симпатий и антипатий, шаблонов поведения;

Марстон выбрал два критерия, на основе которых он построил свою модель:

- как человек воспринимает мир, в котором действует (как благоприятную или враждебную);
- как человек действует или реагирует в конкретных ситуациях (активно или реактивно).

Если представить эти критерии в виде осей, то при их пересечении получается четыреε базовых типа:

Доминирование (Dominance)
- быстры в действиях и решениях
- нетерпеливы, настойчивы и неутомимы
- открыто говорят то, что думают
- готовы рисковать
- соревновательны, любят вызовы и умеют их принимать

Влияние (Influence)

• открыто выражают свои чувства и эмоции, притягивают к себе эмоции других людей

• обладают высоким творческим потенциалом и нестандартным мышлением

• разговорчивые, обаятельные, обладают повышенной харизмой

• легко доверяют людям, очень дружелюбны, легко заводят друзей

• невнимательны к деталям, импульсивны, мало пунктуальны

Стойкость (Steadiness)

• умеют внимательно слушать и слышать собеседника

• обидчивы – тонко чувствуют фальшь и обман

• любят покой, планомерность и методичность

• отстаивают сложившийся порядок вещей

• в команде будут стараться сохранить гармонию отношений

• сочувствуют и сопереживают, будут пытаться помочь

Постоянство (Compliance)

• эмоционально зарыты

• демонстрируют собранность и высокую самоорганизованность

• заранее тщательно готовятся, любят системный подход

• анализируют, взвешивают, планируют, предусматривают

• думают о плохом и готовятся к этому

• готовы уступить, чтобы избежать прямого конфликта.

Некоторое упрощенное представление об этих типах поведения можно получить через следующее сравнение. Представьте себе четырех капитанов футбольных команд:

Первый. Для этого капитана важна победа любой ценой, люди – лишь инструменты достижения этой победы; это быстрый, энергичный, волевой капитан.

Второй. Этот капитан заражает команду личным примером и энтузиазмом, для него важно забить ключевой гол в матче и забить его красиво.

Третий. Для этого капитана важно сплотить настоящую дружную команду, которая будет бороться за общую победу.

Четвертый. Для этого капитана не так важны его личные достижения, важно, чтобы работа была максимально эффективна, они победили, следуя его четкому плану достижения победы.

Поведение базовых типов личности по DISC в условиях кризиса и рекомендации по работе с ними

Как же эти четыре капитана будут вести себя в условиях кризиса?

Первый, D.

Бюджеты сокращаются, зарплаты уменьшаются. «До чего же эти идиоты довели компанию, страну!» – думает D. Его естественная реакция – агрессия, нападение, обвинение, активная борьба за место под уходящим солнцем. И не обязательно только для себя. D может искренне желать блага всем людям, как, например, Владимир Ильич Ленин. Просто у него такие способы достижения всеобщего блага. Итак, первый, кого вы услышите и увидите, начав антикризисные мероприятия в своей компании или подразделении, будет D. Он будет громко возмущаться, настаивать на собственном антикризисном плане, предпринимать действия, не согласованные с руководством. Как его обуздать?

1. Показать свою уверенность и силу. D уважает силу. Если вы убедите его, что у вас все под контролем, вы владеете ситуацией, вы знаете, что надо делать, то он станет вашим активным союзником в антикризисных

228

мероприятиях, будет таскать для вас каштаны из огня.

2. Жестко контролировать все действия D, пока вы не убедитесь, что он закончил паниковать. Иначе он может наломать много дров.

3. Дать D ответственное и сложное задание, которое займет его ум и время, канализирует в полезное русло его неуемную энергию.

4. В раздраженном и демотивированном коллективе D – фитиль в пороховой бочке. В силу своих природных особенностей он может довести до кипения даже очень спокойного человека, даже не желая того. В кризисной ситуации он становится невольным провокатором конфликтов. Им надо заниматься в первую очередь, стараясь перетянуть его в свои союзники, или, если это невозможно, сводя к минимуму его общение с коллективом.

Второй, I

«Звезда в шоке» – это про I. Вы, наверное, заметили, что подчиненные обычно узнают все новости компании или одновременно, или раньше своих начальников. Костяк беспроволочного телеграфа составляют I. Они разносят новости по компании, иногда приукрашивая их. В условиях кризиса приукрашивание перерастает в паникерство. К сожалению, естественная реакция на стресс у I – навязчивость, поэтому слухи будут распространяться быстрее и искаженнее, чем обычно. Что делать с его бурной эмоциональной энергией?

1. Поговорить. I требует внимания, сочувствия, понимания, долгого душевного разговора. Необязательно говорить о кризисе и путях выхода из него, поговорите лучше о самом I.

2. Не забывайте, что I чаще всего является неформальным лидером коллектива. Перетянув его на свою сторону, вы получите мощный инструмент

контроля общего настроя коллектива.

Сделать I своим союзником можно, подчеркивая его важность и значимость в компании, проявляя к нему особое внимание.

3. I — всеобщие любимцы. Используйте их для налаживания пошатнувшихся отношений как внутри, так и вне компании, с партнерами по бизнесу, поставщиками, налоговой инспекцией.

Третий, S

И вот мы добрались до тех самых «тихонь», молчание которых замечательно описано Пушкиным в трагедии «Борис Годунов» словами «народ безмолвствует». Это – то самое разрушительное молчание, которого следует опасаться. D и I открыто расскажут вам, что они чувствуют и чего они хотят. По крайней мере, вы будете знать, с чем работать. S на все вопросы будет тихо кивать головой, делать вид, что что-то делает, а, может, и действительно что-то делает. Кто его разберет, этого S! Тихий, исполнительный, обязательный, но ужасно обидчивый. В стрессе ему свойственно соглашательство, которое не следует путать с согласием. С какой стороны к нему подойти?

1. Самое опасное то, что на S у руководителей и кадровиков обычно просто не остается времени. Во время кризиса объем работы руководителя многократно увеличивается, да тут еще эти активные D и I, которым надо уделять внимание. А S сидит тихо, никуда не лезет. Видимость обманчива. Найдите время для S!

2. S необходим спокойный обстоятельный разговор, объяснение того, что происходит, подробное описание последующих шагов и планов руководства. Объясните S, что вы от него ожидаете, какие действия ему следует предпринять и в какой последовательности.

3. S — идеальные слушатели, им многие открывают

душу. Они знают о сотрудниках и о компании намного больше, чем кто-либо другой. Воспользуйтесь их знаниями.

Четвертый, С

Он знал, что все так и будет. И готовился к этому. Это – тот единственный человек в коллективе, которого кризис не застал врасплох. У него был и есть детальный план выхода из кризиса – как лично для себя, так и в целом для компании. Правда, он не рвется поделиться им с начальством. Потому что стресс заставляет С, и так от природы замкнутого, все глубже замыкаться в себе. Он выстраивает мощную баррикаду, переходит полностью на письменное общение, старается по возможности вообще не появляться в офисе. Как до него достучаться?

1. Во-первых, здесь руководителей поджидает та же опасность, как и с S – опасность упустить С, не найти для него времени. Здесь она еще больше, потому что С надо еще и долго уговаривать пообщаться. К нему нельзя просто подойти без предупреждения и, сидя на краешке стола, вызвать его на откровенность. Придется назначать встречу, искать укромное тихое место для разговора.

2. Впрочем, общаться с С можно и по электронной почте. Возможно, так ему будет даже комфортнее.

3. Общение стоит строить вокруг планов выхода из кризиса. С – ваш незаменимый помощник в работе с цифрами и фактами. В то же время, человек, плохо владеющий цифрами и фактами, тут же теряет его доверие, не воспринимается как достойный начальник. Подготовьтесь к такому разговору с С, чтобы не потерять его расположение.

Безусловно, это описание – лишь упрощенное представление об индивидуальном личностном подходе к сотрудникам в условиях кризиса. В ограниченных рамках невозможно описать все нюансы, например, описать смешанные типы личности. Однако надеюсь, что эти заметки хоть немного облегчат вашу работу с коллективом, находящимся в стрессовом состоянии в результате кризиса.

Менеджерские лайфхаки и фишки

Формы критики вашего персонала. Можете их использовать, если хотите грамотно управлять своим коллективом. Подбадривающая критика: «Ничего. В следующий раз сделаете лучше. А сейчас — не получилось». Критика-упрек: «Ну, что же вы? Я на вас так рассчитывал». Критика-надежда: «Надеюсь, что в следующий раз вы сделаете это задание лучше».

Критика-аналогия: «Раньше, когда я был таким, как вы, я допустил точно такую же ошибку. Ну и попало же мне от моего начальника!».

Критика-сопереживание: «Я хорошо вас понимаю, вхожу в ваше положение, но и вы войдите в мое. Ведь дело-то не сделано...». Критика-сожаление: «Я очень сожалею, но должен отметить, что работа выполнена некачественно». Критика-удивление: «Как?! Неужели вы не сделали эту работу?! Не ожидал». Критика-требование: «Работу вам придется переделать!». Критика-вызов: «Если допустили столько ошибок, сами и решайте, как выходить из положения». Конструктивная критика: «Работа выполнена неверно. Что собираетесь теперь предпринять?»

Принципы эффективного планирования

• Планируйте регулярно и системно. Планировать следует не только на один день, но и на более продолжительные сроки. План, конечно, будет нарушаться, и его придется корректировать, но делать это нужно постоянно и заблаговременно.

• Резервируйте рабочее время с учетом соотношения 60/40. Рекомендуется составлять план только на 60% вашего времени, а около 40% должно быть оставлено в качестве резерва для неожиданных дел.

• Определяйте приоритеты. Сосредоточьтесь на главном. Запишите на листе в порядке важности самые срочные дела. Сначала примитесь за дело №1 и не отступайте от него, пока не закончите. Затем так же поступите с делами №2, 3 и т.д.

• Устанавливайте временные нормы. При планировании следует задавать точные временные сроки на конкретные действия.

• Контролируйте организацию своего труда. Систематически анализируйте, насколько рационально организована ваша деятельность, устанавливая, как и на что расходуется рабочее время, в чем его непроизводительные затраты.

• Используйте время полностью. Всегда есть возможность намного увеличить полезную часть своего рабочего времени. Время поездок, ожидания можно занять такими делами, как планирование своего дня, обдумывание предстоящих задач, просматривание заметок, которые пригодятся в дальнейшей работе.

• Информируйте сотрудников о ваших занятиях и занятости. Добейтесь, чтобы вас не отвлекали, когда известно, что вы заняты.

• Учитесь слушать. Во избежание серьезных ошибок, повторений и переделок стремитесь с первого раза получать исчерпывающие сведения и указания. Прежде чем что-то делать, уточните: где, когда, как, что, почему? Если что-нибудь остается неясным, сразу спросите.

• Содержите в порядке документацию. Наличие под руками всего необходимого для работы – тоже резервы экономии времени.

Что такое KPI?

Саму по себе систему KPI системой мотивации персонала считать не приходится. Она представляет собой просто инструмент для системы управления. Сегодня практически любой показатель принято называть KPI. Не могу понять, почему многие предприятия называют KPI выплату процентов с продаж менеджерам? Либо почему KPI принято называть коэффициент трудового участия – наверное, просто какие-то модные тенденции, которые не совсем корректны.

KPI – ключевые показатели эффективности (индикаторы деятельности). Настройка системы управления на KPI основана на возможности достижения основной цели предприятия благодаря выполнению показателей деятельности сотрудников из различных подразделений.

Эффективна ли система KPI на малых предприятиях?

Не имеет смысла введение KPI, если на предприятии не действует система управления – когда успех зависит исключительно от усилий собственника, который объединяет в себе функции главного финансиста, гендиректора, главного кадровика (в основном это предприятия на первой фазе развития).

На успешность интеграции KPI не влияет количество сотрудников. Необходимо соблюдение другого условия – соответствующая зрелость бизнеса и адекватная система учета. Один из классиков управления подчеркнул: невозможно управлять тем, что нельзя посчитать. KPI – счетные ключевые показатели. Они могут быть качественными (в виде рейтинга, баллов и пр.) либо количественными (время, деньги, объем товара, люди и др.). Однако в любом случае ключевые показатели эффективности должны быть счетными для объективности и сравнения данных.

Разработка KPI: как внедрить ключевые показатели эффективности

Прежде всего компании при планировании создания KPI нужно ответить на вопрос: «зачем?». Для чего ведется деятельность компании, для каких задач она пришла на рынок, зачем нужна потребителям?

От ответа на данный вопрос и будет зависеть выбранное направление деятельности на рынке – из своего текущего положения до выбранной конечной цели.

После определения общей цели компании нужно будет ее разделить на подцели, задав вопрос: «Что нужно делать для достижения главной цели?» Сразу следует обратить внимание – не что нужно сделать, а что «делать». В контексте данной формулировки «делать» – значит движение в определенном направлении. А «сделать» предполагает реализацию конкретного мероприятия. Если главная цель организации представляется в качестве конкретного плана мероприятий, то возникает риск ее недостижения, если одно из запланированных мероприятий оказывается невозможно. При правильно заданном направлении своего движения к цели будет возможность маневра – поэтому возможен выбор плана А, плана В и пр.

Когда KPI будет работать, а когда – нет

Эффективна система KPI будет при следующих условиях:

• при правильном взвешивании и расстановке всех показателей KPI;

• правильное создание дерева целей компании;

• система учета позволят посчитать все расчетные формулы KPI;

• правильное распределение ответственности за цели (и процессы) между исполнителями;

• занесение данных в систему учета обученными, не заинтересованными людьми – не теми, которые выполняли данные KPI. При этом необходимо заносить достоверные сведения;

• привязка KPI к системе мотивации персонала. Система мотивирования должна быть построена с приоритетностью целей предприятия перед целями работников, но с их обязательным учетом.

Когда система KPI не работает:

• Руководство компании не участвовало в создании дерева целей.

• Невозможно посчитать KPI по причине отсутствия данных в системе учета, субъективности либо недостоверности их оценки.

• Неверная разработка KPI – без учета соответствующих индикаторов достижения поставленных целей.

• Нет привязки KPI к системе мотивирования.

• Внедрение KPI не для всех подразделений. Система управления в таком случае будет перекошена.

• Привязаны KPI к действующей системе мотивирования, однако без учета личной мотивации работников, для которых введены KPI.

• Разделено достижение KPI и выплата бонуса за них на период более чем на три месяца. В таком случае сотрудники просто устают ожидать, прекращая связывать правильность действий и вознаграждение. При длинных проектах в компании – нужно привязывать KPI и бонус за достижение целей не только к окончательным результатам проекта, но также к промежуточным этапам.

Директор, он же – Собственник. Что делать?

Довольно частое явление в фитнес-бизнесе – когда собственник или один из собственников становится у руля фитнес-клуба. Дескать, так экономнее, и вообще не нужно брать в команду чужого человека. В период запуска нового клуба это, может быть, и неплохая идея при условии, что собственник учится на каких-то курсах разбираться в фитнес-индустрии. Я пишу эти слова не для того, чтобы подыграть собственникам, а потому, что это реальная правда жизни. Как бы умно ни выступали на форумах и круглых столах эксперты рынка, в реальной жизни собственник все равно прямо или косвенно вмешивается в управление клубом. Лучше, пусть он это делает явно.

Не стоит придумывать велосипед, просто следует прочитать книгу господина Адизеса, где он шикарно описывает свою модель менеджмента и кривую жизни предприятия, все риски и правила. Анализируя свой опыт, я полностью с ним согласен, и его схема применима к фитнес-индустрии.

Некоторые директоры-собственники (ДС) просто собственными руками убивают сам бизнес. Ведь нежелание учиться и слушать грамотных консультантов не приносит результат. Некоторым просто везет, но везение рано или поздно заканчивается. И это не лотерея.

Я очень позитивно отношусь к собственникам, которые вникают в суть фитнес-бизнеса, но при этом дают возможность работать менеджерам, а не ведут себя, как ревнивая мама, которая говорит своему сыну, что ему нет равных, и не допускает к нему невест. Это неправильно.

Есть собственники, которые очень грамотно могут запустить фитнес-бизнес, или для запуска берут консультантов, которые им помогают. Затем собственник «дорывается до руля» и все меняет в плохую сторону. Все стандарты и правила работы не соблюдаются, и красивый клуб превращается в простую подвальную «качалку». Либо, что еще хуже, начинают увольнять набранных и обученных сотрудников, и ставить свою родню. Мол, это самые доверенные люди.

Если эти строки читают ДС – то мой вам совет: отпустите ваше фитнес-детище, а то вы его задушите в объятиях слепой любви. Найдите грамотного управленца и жестко с него требуйте. Поверьте моему горькому опыту. Горькому, потому что видел, как клубы закрываются, а собственник винил всех вокруг, кроме себя самого.

Есть хорошая поговорка: один собственник бизнеса сказал, что если его подчиненные с ним соглашаются, он их тотчас же увольняет.

А у нас часто бывает наоборот. Если у менеджера есть свое мнение, его могут за это уволить. Это в корне ошибочно. Если вам нужно стадо подхалимов, вы на правильном пути. Если вам нужен прибыльный успешный клуб, тогда вы далеко от цели.

Иногда собственник ставит формального директора, очень часто из людей с военным прошлым, и начинается «фитнес-армия». Все четко, но... по-тупому. За все штрафуют. И собственник фактически сам руководит своим предприятием. Спрашивается, зачем это нужно?

Бывает, когда есть два учредителя и один из них становится директором. Дескать, так проще. И начинаются войны, подковерные договоренности – это мой тренер, а это –тренер того учредителя. Это мой администратор, а вот это – не мой.

Надеюсь, что этих междоусобиц будет меньше, и директор прежде всего будет думать о результате работы, а если директор и собственник в одном лице, то он сможет грамотно и непредвзято относиться к своему бизнесу, делегировать свои полномочия и наслаждаться результатами своего труда в хорошо работающем клубе, а не вспоминая, как было хорошо, смотря на фото.

Я не буду описывать все этапы развития предприятия по Адизесу, выделю основные, которые я часто встречал в фитнес индустрии.

Вторая проблема – это бюрократия. Через три-четыре года работы фитнес-клуба он превращается в районную администрацию. Этот тренер с нами с самого открытия, и мы не можем его уволить, хотя толку от него мало. А вот от этого бухгалтера ушел муж, и мы тоже не можем ее уволить. А вот это – наш директор, он – как начальник района, который хитро лавирует между собственником и коллективом... Этот фитнес-клуб может приносить в два раза больше прибыли и быть лидером города, но никто к этому не стремится, все закостенело и зацементировалось.

Я не хочу показаться революционером, осуществляющим перевороты. Но я не терплю несправедливости. И мне дико обидно, когда добротные клубы утопают в бюрократии и бумажках, либо находятся под устаревшим видением собственника, который не дает возможности развиваться фитнес-клубу.

Проблема воровства в фитнес-клубе

Довольно пикантный вопрос. И его я просто обязан затронуть, как бы мне ни было неприятно. Воровство в фитнес-клубах существует. И обычно, когда что-то подобное происходит, менеджеру приходится решать этот вопрос, начиная с диалога с клиентом и заканчивая визитом в милицию.

Начнем с воровства в клиентских раздевалках. Ведь, к нашему сожалению, клиенты думают, что вещи, которые они оставили в ящиках, находятся в сохранности. Увы, это не так. И вы знаете, что клуб не несет ответственность за вещи, оставленные клиентами в раздевалке. Скажу больше: если что-то пропадет, клуб за это не отвечает. И не компенсирует потерю.

Во-первых, вы не видели, была ли эта вещь у этого клиента до кражи. Возможно, он забыл дома свои модные туфли из кожи зимнего барса, а пытается обвинить ваш фитнес-клуб. Поэтому, если у вас возникают подобные ситуации, постарайтесь их грамотно разрулить.

Но не возмещайте клиенту полную стоимость, можете предложить, например, подарочный массаж.

Во-вторых, вы не несете ответственность за

сохранность. И можете аккуратно это указать в правилах для членов клуба: администрация не несет ответственность за вещи, оставленные без присмотра.

Я обычно рекомендую администраторам предлагать клиентам оставлять ценные вещи в мини-сейфах на рецепции. Подчеркиваю, в мини-сейфах. Очень важный момент: клиенты должны сами класть свои ценные вещи в этот сейф. Наблюдал в одном фитнес-клубе в Одессе картину, когда подобные сейфы находились за спиной администратора, и администратор брал в руки кошельки и часы, и на глазах клиента их клал в эти ящички. Это большая ошибка, ведь если администратор что-то берет в руки, то клиент может его обвинить в краже. И в системе видеонаблюдения будет видно, что администратор брал в руки эти вещи, а как он уже их вытащил, не так важно. Клиент будет думать, что администратор – аферист. Естественно, в месте расположения мини-сейфов должны быть камеры видеонаблюдения, и писать об этом не стоит, это и так ясно.

Поэтому сейфы должны стоять отдельно, чтобы клиенты сами клали в них свои кошельки, ключи от машины, супермодные телефоны.

Скажу больше, пару раз в жизни встречал клептоманов, особенно в дорогих фитнес-клубах. У людей есть такая болезнь. О ней надо помнить.

Второй вопрос – это кража со стороны персонала у персонала.

Тут, к сожалению, еще сложнее, ведь такие инциденты случаются. У меня в одном клубе украли дорогой плеер и духи. Руководство мне сказало: не оставляй без присмотра дорогие вещи. Увы, я могу только передать их слова вам. Для персонала действуют те же правила, что и для клиентов.

Важно. Если у вас есть сомнения в персонале, возможно, вы чувствуете, что кто-то не чист на руку, рекомендую провести давно известную проверку: оставить немного денег в заметном месте под камерой. Вы сможете увидеть, кто их взял.

Следующий вопрос – это кража у клуба, в контексте левых персональных тренировок. Ведь это тоже кража. Тренер ворует у клуба деньги клиента. И, кроме того, наносит репутационный ущерб.

Это очень распространенный случай. Как я уже говорил, без ведома менеджера это никогда не происходит. Как и при краже гостевых визитов без ведома администратора или старшего администратора. Когда вечером может прийти клиент на разовое занятие, и администратор с тренером могут «раздерибанить» эту денежку. Если вы с таким не сталкивались, то я был свидетелем подобных схем. Особенно, когда гостевой визит в премиум-клуб может стоить 70-100 долларов.

Противостоять всем кражам можно только с помощью преданного персонала и камер видеонаблюдения.

В каждом департаменте должен быть «свой» человек. Я об этом писал ранее, но хочу повториться. И этот человек тоже должен красть! Вот в этом есть ключевая проблема. Если кто-то встанет и скажет: «Я не буду красть!», как вы думаете, его возьмут в долю в следующий раз? Нет. И все будут знать, что он – засланный казачок.

Приведу пример, который вам поможет. Работая в одном премиум-клубе, я заподозрил рецепцию в краже. Решил им подсадить «крота», который с ними по-тихому дерибанил чаевые для банщиков (о чаевых напишу ниже). Но я понимал, что это – не та ситуация, из-за которой можно уволить, ведь есть много «но». И тут в клубе началась акция – купи карту при продлении со скидкой в 40%.

Один клиент, которого я очень хорошо знаю, купил себе

эту карту. Но прикол в том, что он купил ее по полной стоимости. Хотя в договоре была указана цена минус 40%.

Администратор фитнес-клуба обычно дает клиенту договор для заполнения домой. Мол, впишите свои паспортные данные дома и принесите нам два экземпляра. Клиент все сделал и подписал документ. А администратор взял и подменил первую станицу в договорах. Администраторы на подмене документов заработали 1200 долларов. Афера была раскрыта, деньги клиенту вернули. Аферу я раскрыл благодаря своему «посаженному» администратору и знакомству с клиентом.

Относительно чаевых

Если у вас есть спа или банный комплекс в фитнес-клубе, или салон красоты, то я считаю, что должна быть единая касса, то есть клиенты должны рассчитываться за все эти услуги в одном месте. А то замучаетесь сводить отчеты. И когда клиент выходит после процедуры, он может оставить чаевые. Мол, это всем мастерам или парикмахеру. Некоторые администраторы при фразе «вот вам на чай», думают, что это все – им. И не делятся с мастерами. Тут есть один нюанс. Желательно, чтобы клиента после процедуры провожал мастер, даже банщик может выйти в халате, пожелать клиенту хорошего дня и получить свои чаевые. А если мастер не вышел, не провел клиента, то администраторы подумали, что эти чаевые – им, за их красивую улыбку. А еще, если клиент хочет отблагодарить своего мастера, официанта, то он может после расчета в кассе поднести ему чаевые. Знаю фитнес-клубы, в которых все внутренние расчеты происходят с помощью карты или браслета. Это правильная система: посетил все департаменты, сделал массаж, выпил кофе, и потом за все рассчитался на рецепции (в кассе).

Уверен, что у вас есть и свои сценарии решения данного

вопроса. Делитесь.

Никто не застрахован от краж. Ставьте камеры и грамотно подбирайте персонал. И обязательно оповещайте клиентов об их ответственности.

Стероиды и персонал

Так же, как иногда мы можем упустить из виду вопрос звездности, есть и вопрос стероидов. Да, именно стероидов. Принимаем на работу простого мальчика, который среднего размера, но очень перспективный, общительный. Мечтает стать культуристом. Ни для кого не секрет, что иногда такие ребята начинают принимать разные препараты для увеличения мышечной массы. Действуют они на каждого по-разному, но у некоторых возникает синдром «супермена». Пару раз я встречал таких жертв химии. Страшно смотреть на таких людей, действие препарата проходит, а осадок от поведения остается. Один горе-культурист под действием препарата хотел меня убить, угрожал и так далее. Препараты перестали действовать, и потом он ходил, извинялся, ему действительно было стыдно за свое поведение, а мне — немного страшно за свою жизнь. Берите это во внимание. А еще, когда берете на работу культуриста, помните: у него бывают периоды сушки, когда ему очень тяжело. И он может не выходить на работу.

Кроме того, я всегда запрещаю приносить и, не дай Бог, продавать всю эту фармакологическую поддержку в клубе. Это незаконно, я не мама или папа, чтобы запрещать человеку что-то принимать, но в клубе этого быть не должно, и точка.

Звездная болезнь

Приходит на работу тренер, который до этого проводил 50-70 тренировок, он учится, посещает семинары и начинает проводить 150-180 тренировок. И тут начинается «звезда»: «Я тут самый продаваемый тренер, и вообще я тут за всех работу делаю. И меня девочки и мальчики любят». Пошла жара. Как быть с такими товарищами? Я бы постарался провести беседу и немного остудить пар. Первые большие деньги кружат голову, мне в том числе они ее вскружили, благо мой отец и любимая супруга смогли меня вовремя «вернуть на землю». Это нормальная реакция. А менеджеры и коллеги от этого страдают. Звездных тренеров надо хитро уговаривать, как больших бычков. Обычно им чешут за ушком и ведут, как дворовую собачку. Сам наблюдал, как большого быка вела девочка, просто она ему чесала за ушком, и он покорно шел за ней. Так же надо себя вести и с тренерами, но делать это надо в личной беседе. Плюс обычно я звездным тренерам повышаю прайс на их услуги, часть клиентов от них переходит к более дешевым тренерам. Они обижаются и грозятся уйти. Но как с этим бороться, опишу позже. Не бойтесь таких угроз. Это – как собака: лает, но никогда не укусит.

Звездный тренер может быть один, при условии что его звездность соответствует действительности. Странно звучит. Но, предположим, тренер, у которого много клиентов и много тренировок, общителен и приносит много прибыли. Я против того, чтобы золотая корова была неприкосновенна. Даже звездных тренеров иногда надо возвращать на землю. Но не допускайте, чтобы звездных тренеров было несколько. А то тогда уже будет сложно противостоять группе фитнес-гуру и звездных товарищей.

Фитнесконсультирование

Фитнес-бизнес – это продажа услуг фитнес-клуба и сопутствующих товаров.

Кроме самой услуги клиенту важно получать качественное обслуживание. Но, кроме качественного обслуживания, клиенты любят простое внимание. Да, простое внимание.

И вот с этим, казалось бы, простым вопросом у фитнес-клубов существуют большие проблемы. Собственники думают, что достаточно просто открыть красивый и дорогой фитнес-клуб, и клиенты сами, как мотыльки, полетят на свет.

Опыт показывает, что одного красивого фитнес-клуба мало для привлечения клиентов. Важно его наполнить хорошими сотрудниками, которые, в свою очередь, будут оказывать внимание клиентам и удовлетворять их потребности. У потенциальных клиентов есть деньги, нужно просто помочь им эти деньги потратить.

Одним из вариантов внимания, на мой взгляд, как примера сильного инструмента продаж, является фитнес-консультирование.

Бытует много мнений и определений, что этакое фитнес-консультирование, я выскажу свое: это – услуга, помогающая клиенту определить оптимальную нагрузку и направления тренировок в фитнес-клубе.

Многие путают с фитнес-консультирование с фитнес-тестированием – услугой, которая помогает определить уровень физической подготовки клиента. В некоторых клубах фитнес-тестирование проводят медсестры, и эту услугу иногда называют фитнес- экспертизой – некий микс фитнес-тестирования и фитнес- консультации.

Объясню, зачем в клубе необходимо фитнес-консульти-рование:

Во-первых, эта услуга поможет клиенту определить для себя оптимальный график тренировок и направлений для достижения поставленных целей на основе его уровня подготовки. Очень часто замечаю клиентов, которые покупают клубную карту, отказываются от инструктажей и помощи инструкторов, и тупо начинают бегать на дорожке, как ужаленные, аргументируя свои забеги тем, что им нужно похудеть и выглядеть красивыми и подтянутыми через десять дней. Персонал клуба предупреждает клиента, что не стоит делать таких резких движений, и такие тренировки не приведут к глобальном результату, скорее наоборот – вызовут перетренированность. Но клиент, не слушая консультаций компетентного персонала, «ломится» на дорожку.

Иногда фитнес-консультирование помогает клиентам изменить свое мнение и грамотно подойти к решению своих физических задач. А вы должны знать, что клиенты, которым не удается достичь своих целей в фитнес-клубе, обычно из него уходят. Даже если их цели в принципе недостижимы.

Во-вторых, благодаря грамотной консультации авторитетного или опытного специалиста, клиент сможет заниматься сразу в нескольких направлениях, и заниматься персонально. Ведь рекомендации нескольких экспертов быстрее склонят клиента к покупке персональных тренировок.

В-третьих, клиент будет чувствовать себя нужным. У него будет складываться ощущение, что все вокруг него бегают. А клиенты любят власть – помните об этом.

В-четвертых, как я уже упоминал, фитнес-консультирование – сильный инструмент продаж. При условии, что сотрудник, который будет проводить фитнес-консультацию, будет грамотным продавцом и будет владеть техникой постановки вопросов СПИН. О ней вы уже читали в предыдущей главе. Так вот, эту технику с легкостью может использовать и фитнес-консультант.

Кто может быть фитнес-консультантом?

По моему опыту, это должен быть человек с большим багажом знаний и практического опыта в фитнес-индустрии. Чаще всего это тренеры или менеджеры тренажерного зала, иногда с этой задачей неплохо справляются тренеры по функциональному тренингу, реже – менеджеры групповых программ, по причине своей занятости.

> **Важно**. Я иногда рекомендую фитнес-директорам проводить подобные фитнес-консультации, если им позволяет рабочий график. У фитнес-директора есть неоспоримый авторитет, который он может использовать при беседе с клиентом. А также использовать фразу: «Я как фитнес-директор, рекомендую вот это фитнес-направление и вот этого тренера, как опытного специалиста. Попробуйте».

Услугу фитнес-консультирования можно продавать. Бывают клиенты, которые не очень хотят тренироваться с тренером, и эти же клиенты не особенно любят посещать больницы. Если у вас в клубе есть место, кабинет и есть специалист со средним медицинским образованием, вы можете приобрести электрокардиограф и делать не только фитнес-замеры, но и кардиограмму.

> **Важно**. Есть одно «но»: лично я – против услуги «написать комплекс упражнений за деньги». Поэтому

вся консультация должна быть прямо и косвенно направлена на продажу услуг тренера.

Я бы сказал, что это второй шанс грамотнее предложить тренера клиенту. Также важным элементом является определение оптимального направления тренировок, отталкиваясь не только от пожеланий клиента, но и от его физического состояния.

Стоимость одной фитнес-консультации можно установить на уровне с одной персональной тренировкой, но обязательно расписать, что будет входить в консультацию, сколько она будет длиться и что клиент получит в результате.

Вы можете дарить эту услугу постоянным клиентам, и это будет сильным инструментом, увеличивающим лояльность и направляющим к персональным тренировкам. Ведь любой клиент будет рад «халяве».

Я бы рекомендовал периодичность фитнес-консультирования один раз в полгода, не реже, чтобы клиент чувствовал внимание со стороны клуба. Возможно, при покупке месячных абонементов можно сделать консультации раз в три месяца. Предоставлять эту услугу за деньги, или делать подарок клиенту от клуба – решать вам.

Секретные советы бывалого фитнес-менеджера

Если вы начинающий менеджер, я рекомендую вам выставить всю систему работы фитнес-клуба следующим образом: вы должны стать частью большого механизма, без которого фитнес-клуб работать не может. Это будет странно звучать, но в фитнес-индустрии у собственников есть одна болезнь – болезнь присутствия директора в клубе.

В понимании недалеких собственников директор должен сидеть, как охранник на проходной, и руководить клубом. Я не хочу никого обижать, но, к сожалению, с этим приходится считаться. Поэтому, если вы начинаете работать в фитнес-клубе, на раннем этапе я не рекомендую ничего делегировать. Во-первых, это поможет вам быстрее вникнуть во все процессы работы клуба, во-вторых, поможет установить общий контроль над всем предприятием и расставить своих людей.

Как бы ни прискорбно это звучало, но, кроме профессионалов, которые должны работать у вас в клубе, там должны быть люди, преданные только вам. Рано или поздно вас попробуют подвинуть. Несмотря на вашу должность и заслуги перед клубом. Понятно, что наличие своих людей в департаменте не отсрочит ваше увольнение, но в то же время это может стать предметном торгов с собственником. И если уже дело дойдет до ухода, то вы сможете перейти в другое место вместе со своей командой. Запомните, только команда поможет вам победить.

Спустя шесть месяцев работы вы можете не спеша начинать заниматься делегированием полномочий, но только проверенным за это время людям. Вам ничего уже не мешает поставить на ключевые должности доверенных людей. При условии, что они являются профессионалами в своей сфере. Просто доверенные и тупые – это не выход. Они же вас на дно и потянут.

Я не стремлюсь показаться странным интриганом, насмотревшимся политических фильмов, я рассказываю вам, как бывает в реальной жизни. Чем больше клуб, в котором ты работаешь, тем больше там интриг и подковерных игр. А вы как менеджер, будь то подразделения или всего клуба просто обязаны грамотно в эти игры играть. Помните, отсутствие выбора – тоже выбор.

Далее ваша работа должна выглядеть следующим образом:
• все процессы в клубе четко настроены и работают без вашего прямого присутствия;

• вас нет на работе весь день, но вы знаете, что происходит в клубе;

• вы можете управлять клубом по телефону;

• фитнес-клуб выходит на позитивные финансовые показатели. Вот в этот момент, когда, казалось бы, вы уже – победитель и бояться нечего, может начаться самое неприятное.

Собственник клуба видит, что клуб прекрасно работает без директора, либо департамент работает без его руководителя. «А может, мне его уволить? Либо поставить своего сына или жену?» Есть грамотные собственники, которые не совершают таких ошибок, но их, к моему сожалению, немного. И важно не проспать этот момент. Благодаря людям, которые расставлены по всем департаментам, вы контролируете клуб. Вы сидите в кафе за углом, а как только происходит ЧП или приходит собственник, вам сразу докладывают.

Еще раз повторюсь: от увольнения это не спасет, но может усложнить этот процесс.

Из моего опыта следует, что вашими людьми должны быть старшие в подразделениях, плюс в каждом подразделении должны быть те, кто помогут вам контролировать старших. «Доверяй, но проверяй»...

Мой же опыт говорит о том, что вас могут подсидеть менеджеры подразделений, которые вам подчиняются. И так и происходит в 80% случаев, когда вас увольняют.

Вывод простой: контролируйте весь клуб, проверяйте людей, с которыми работаете, научитесь им доверять, ведь они должны прикрывать вам спину.

Меня иногда обвиняли, что я выстраиваю государство в государстве. Но у вас все должно быть, как в фильме «Таежный роман»: все солдаты должны стоять друг за друга. Но этому научить их должен старший офицер.

Я хочу, чтобы вы были сильным менеджером, который ведет свою команду к победе.

Документы и бланки

Я не любитель пачек документов и бланков отчетности, видимо, моя любовь к современной технике преобладает. Но для грамотного менеджмента необходима статистика. Ведь без нее вы далеко не уплывете, да и вообще мне это напоминает, когда глухими начинает руководить слепой, крича, что им нужно поворачивать вправо.

Говоря об отчетности, я рекомендую следующие формы:

1. Отчет перед генеральным директором или собственником (акционерами).

Обычно они мне как консультанту говорят, что им отчет не нужен, а нужно показать работу. Мол, чтобы доход увеличился либо разрешился какой-то вопрос. А эти бумажки никому не нужны. Они лукавят. Знаю, что они отчеты смотрят.

Я рекомендую отчеты. Ведь слова могут быть забыты, а вот документы никуда не денутся. Особенно, если они будут в электронной почте.

Я вводил форму отчетности раз в неделю. Либо понедельник, либо среда.

В отчете указывал, что было сделано, что запланировано на следующую неделю, что не было сделано из запланированного, и почему.

Ведь если что-то потом произойдет, собственник или генеральный директор будет винить вас. При наличии отчета он также будет вас винить, но у вас будет чем обороняться.

Бизнес – это иногда умение доверять своим партнерам. Но по моему опыту, когда у вашего собственника есть еще три-четыребизнеса, а зачастую фитнес-бизнес не является его основным видом деятельности, лучше иметь, кроме слов, еще и бумаги. Еще раз повторю: в случае чего эти бумаги просто смягчат острые углы при разговоре. Если вы начали работу фитнес-директором или генеральным директором, рекомендую ввести форму отчетности с собственником или собственниками. Вы можете у них просто спросить, какую форму отчетности они предпочитают. Возможно, они сами вам ее предложат. И обязательно нужно высылать месячный отчет. Это покажет ваш уровень менеджера.

Если вы занимаетесь рекламой вашего фитнес-клуба, желательно иметь рекламный бюджет, разбитый по месяцам с медиа-планом. О рекламе можете почитать в моей книге «Реклама красоты. Практика». Вы формируете отдельный документ, где указываете, какие средства и на какую рекламу вы планируете потратить.

> **Важно.** Если вы формируете бюджет подразделений и фитнес-департамента в целом, обязательно создайте статью непредвиденных затрат. И туда можете не спеша аккумулировать средства, которые в конце года можете потратить на премию или на обучение. Либо на вселенскую пьянку. Выбирать вам. Главное, чтобы было из чего выбирать. И хватило денег на пьянку :).

2. Отчеты, которые вы принимаете от своих подчиненных.

Отчеты вам должны представлять менеджеры подразделений либо старшие (смотрящие), как вы их у себя называете. Они должны предоставлять отчеты в конце месяца, чтобы вы смогли свести один большой отчет и подать его на начисление заработной платы.

Я – ярый сторонник автоматизации работы фитнес-клуба. Поэтому не понимаю, почему некоторые клубы противятся этому инструменту менеджмента. Говоря проще, без наличия программы у клуба можно будет украсть. С программой, и особенно вертушкой при входе (которая контролирует количество входов и выходов) украсть будет гораздо сложнее.

Отчеты сотрудники могут вам либо отсылать в электронном виде, либо печатать и отдавать. Я – за первый вариант, все-таки экономия бумаги, и, если что, всегда есть все отчеты за весь период. Вы сможете проанализировать прошлый год в этот отчетный период, и принять решение, куда дальше двигаться клубу. Поверьте, прошлогодние отчеты очень сильно помогают формировать план на будущий период.

И если отчеты на бумаге, куда потом складывать эти пачки? Ведь каждый глава департамента в конце месяца сдает отчеты.

По тренажерному залу в отчете указывают количество дежурных часов у тренеров (если дежурные часы есть), количество инструктажей и персональных тренировок (сплит-тренировок, если они есть), и сколько тонн спортивного питания продано – всего с департамента и персонально для каждого сотрудника. Скажу больше, необходимо, чтобы каждый инструктор вел свои записи независимо от автоматизации. Ибо администратор может ошибиться, и не на того выбить тренировку на рецепции.

Несмешной случай из жизни
Будучи инструктором тренажерного зала, я не досчитался одной тренировки. По моим записям было 120, а в электронной системе – 119. Долго искал ее. Оказалось, администратор тренировку выбила на бармена. Программа была несовершенной, ну и сработал человеческий фактор.

Поэтому необходимо дублировать свои отчеты в блокнот. Поверьте мне, сотрудники это делают без предупреждения.

У аква-департамента – все те же отчеты, и еще – групповые занятия.

У групповых программ – количество проведенных и не

проведенных классов, и количество людей на классах, плюс персональные тренировки. Обычно их немного. Но дай Бог, чтобы они у вас были.

Если отдел продаж подчиняется вам, то вас ждет отчет и от них.

Отдел продаж сдает более расширенный отчет: сколько карт куплено, сколько карт было продлено. Сколько было визитов на знакомство с клубом. Сколько людей купили карту после визита. Сколько купили по рекомендации. Эту информацию менеджер фиксирует у себя в первичном листе вместе с контактами потенциального клиента.

Вам необходимо понимать эффективность ваших активностей и рекламной стратегии. И без аналитики вы этого качественно сделать не сможете.

Часто замечаю, что в фитнес-клубах, в которых есть программа автоматизации, она работает криво, а горе-программисты не могут сделать простой отчет, требуя дополнительных денег, аргументируя, что это не входит в базовую стоимость. Они лукавят. Дважды подумайте перед тем, как покупать программу. Есть хорошие продукты на рынке, спрашивайте, интересуйтесь отзывами их пользователей.

Также я рекомендую создать отчет о количестве жалоб в клубе. Вопрос сервиса и довольных клиентов очень важен. Необходимо внимательно отслеживать вопросы жалоб и их решения. От этого будет зависеть процент продления клубных карт.

Есть хорошие английское слово match – сравнить.

Важно все ваши отчеты сравнить с вашими планами.

Если у вас в клубе есть финансовый директор, он может выполнять эту функцию. Но в большинстве фитнес-клубов финансового директора нет. И эти функции приходится выполнять фитнес-директору или генеральному директору.

Как я говорил ранее, у вас есть план показателей. Доходная часть, где вы просто суммируете весь доход клуба, и расходная часть клуба, где вы также суммируете все текущие расходы клуба. Вы должны понимать, как вы можете оптимизировать ваши затраты и увеличить доходную часть.

Важно. Ни в коем случае не сокращайте фонд оплаты труда. Я рекомендую минимизировать ставки и перевести их на проценты от выручки (клуба, департамента).

В большинстве фитнес-клубов самой крупной статьей операционных затрат является либо арендная плата, либо фонд заработной платы. Минимизируйте все ставки, мой вам совет. Делайте микс: ставка плюс процент.

В контексте отчетов и документов, хочу остановиться на двух простых бланках. Первый — служебная записка, второй — объяснительная.

Я рекомендую подготовить такие бланки, чтобы сотрудники не писали все заново на чистом листе.

Скептики скажут, что я перегибаю палку, и что предыдущий абзац попахивает Советским Союзом и проходной завода, где пропускают только по паспортам. Мол, сейчас все должны работать на доверии, и все будет хорошо. Как консультант, который открывал много фитнес-клубов, могу сказать одно: необходимо применять простую но действенную систему — и в менеджменте, и в отчетности. При этом отталкиваться от формата клуба, и его размеров. В маленьком фитнес-клубе, возможно, это будет излишним. А в фитнес-клубе большого формата или сетевом все должно работать так же хорошо, как и в малом.

И еще добавлю: не все было плохо в Советском Союзе. Порядок и контроль — это залог грамотной и сбалансированной работы фитнес-клуба.

Заключение

Дорогой читатель, спасибо что вы нашли время и прочитали эту книгу. Уверен, вы стали мудрее и получили дополнительные знания. Я старался делиться своим опытом и практическими наработками. Надеюсь, после этой книги вы продолжите чтение бизнес-литературы. Искренне хочу, чтобы вы становились лучше.

Буду очень признателен, если вы оставите отзыв о книге в социальной сети. Напишите, что вам понравилось, над чем мне стоит поработать, какой добавить материал, что исправить.

Не стесняйтесь.

Буду рад получить ваш отзыв на электронную почту w.wawilow@gmail.com.

Фитнес-менеджмент — это набор инструментов, с помощью которых вы можете/будете эффективно руководить своим фитнес-клубом или фитнес-студией.

Хочу верить, что книга изменит ваши подходы в управлении, добавит уверенности и настойчивости, поможет не сворачивать с выбранного пути.

Желаю вам трудных клиентов, преданных инструкторов и честных администраторов!

С уважением
Вавилов Владислав

P.S.
Скромность — это способ услышать от других все то хорошее, что мы думаем о себе. *Лоренс Питер*

«УТВЕРЖДЕНО»

Генеральный директор

_____

«___» _____ 20 ___ г.

Должностная инструкция
Инструктор тренажерного зала

Название структурного
подразделения: Физкультурно-оздоровительный клуб

1. Общие положения

1.1. Инструктор тренажерного зала назначается на должность и освобождается от должности приказом генерального директора по представлению непосредственного руководителя.

1.2. Инструктор тренажерного зала подчиняется старшему инструктору и директору.

1.3. Инструктор тренажерного зала в своей работе руководствуется действующим законодательством, Положением про Физкультурно-оздоровительный клуб, должностной инструкцией, Кодексом корпоративной этики сотрудников, правилами внутреннего трудового распорядка и другими внутренними нормативными документами.

1.4. На должность инструктора тренажерного зала назначается лицо с высшим образованием (спортивное), с опытом работы на аналогичной должности в сфере физкультурно-оздоровительных услуг не менее одного года.

Инструктор тренажерного зала должен знать:

– теоретические основы фитнеса;

– основы анатомии и физиологии;

– правила оказания первой помощи;

– программы физкультурно-оздоровительных занятий фитнесом;

– правила составления программ индивидуальных тренировок;

– правила делового общения;

– правила этики поведения;

– техники прямых и телефонных продаж;

– правила работы с офисной техникой (факс, ксерокс, телефонная мини-АТС);

– программы компьютерного обеспечения MS Office;

– правила телефонных переговоров;

1.6. Инструктор тренажерного зала должен иметь следующие навыки:

– умения работы с людьми;

– оперативного принятия решений;

– коммуникаций;

– адаптации;

– работы с возражениями.

2. Должностные обязанности

2.1. При выходе на работу инструктор тренажерного зала обязан:

– приходить на рабочее место в форме с беджем за десять минут до начала рабочей смены;

– проверять чистоту тренажерного зала и зала кардиотренажеров;

– проверять наличие, рабочее состояние и порядок хранения всего спортивного оборудования, технических средств *(свет, аудиоаппаратура, кондиционер)*;

– регистрировать обнаруженные неполадки в журнале «Неполадок» у администратора на центральной рецепции;

– вносить соответствующую информацию в журнал «Прием – передача смены инструкторов»;

– проверять наличие всей необходимой документации на рецепции тренажерного зала *(бланки учета посещаемости клиентов, бланки «Программа индивидуальных занятий»)*.

2.2. При приходе клиента на занятия или инструктаж инструктор тренажерного зала   обязан:

– встречать клиента, который пришел на инструктаж, на центральной рецепции;

– проводить персональные занятия и инструктажи в соответствии с методическими и практическими требованиями компании, мотивируя клиентов к персональным занятиям;

– начинать и заканчивать занятия по утвержденному расписанию;

– обучать клиентов правильной и безопасной технике выполнения упражнений, а также контролировать их выполнение;

– заранее напоминать клиенту о тренировке;

– при опоздании клиента на персональную тренировку ждать его в течение пятнадцати минут;

(Если клиент не пришел на тренировку и не отменил ее не менее чем за три часа – тренировка считается проведенной.)

– устанавливать конкретные и выполнимые цели перед клиентами.

2.3. При приходе клиента в тренажерный зал инструктор тренажерного зала обязан:

– узнать цель, которую перед собой ставит клиент, пришедший в тренажерный зал, и предлагать свою помощь в ее достижении;

– оказывать консультативную помощь клиенту;

– обучать клиента правильной и безопасной технике выполнения упражнений, а также контролировать их выполнение;

2.3. По завершению персонального занятия или инструктажа инструктор тренажерного зала обязан:

– сдавать подписанный талон на персональную тренировку или инструктаж на центральную рецепцию;

– проверять и приводить в соответствие размещение спортивного оборудования согласно утвержденных правил его хранения.

2.4. При уходе с работы инструктор тренажерного зала обязан:

– проверять чистоту тренажерного зала и зала кардиотренажеров, отсутствие использованных полотенец, салфеток и одноразовых стаканов;

– проверять наличие, рабочее состояние и порядок хранения всего спортивного оборудования, технических средств *(свет, аудиоаппаратура, кондиционер)*;

– регистрировать обнаруженные неполадки в журнале «Неполадок» у администратора на центральной рецепции;

– вносить соответствующую информацию в журнал «Прием – передача смены инструкторов»;

– проверять наличие всей необходимой документации на рецепции тренажерного зала *(бланки учета посещаемости клиентов, бланки «Программа индивидуальных занятий»)*.

2.5. Ежемесячно до 1 числа следующего месяца подавать отчет о выполненной работе за месяц менеджеру тренажерного зала.

2.6. Еженедельно до пятницы заполнять свои листы записи в соответствии с планом на следующую неделю.

2.7. Ежедневно отслеживать свои листы записи и своевременно вносить в них текущие изменения.

2.8. Ежедневно следить за изменениями в прейскуранте

на предоставляемые услуги, расписаниях занятий, а так же введением новых *(дополнительных)* услуг и информировать о них членов клуба.

2.9. Своевременно заполнять бланки учета посещаемости клиентов.

2.10. Хорошо ориентироваться во всех программах клуба и рекламировать их среди клиентов.

2.11. Проводить персональные тренировки только при наличии предварительной оплаты.

2.12. Общаться с клиентами до, и после занятия, отвечать на вопросы, быстро и оперативно передавать пожелания клиентов руководству, разрешать конфликтные ситуации в пределах своей компетенции.

2.13. Своевременно информировать менеджера тренажерного зала о необходимости замен, мотивируя такую необходимость.

2.14. В случае необходимости заменять других инструкторов.

2.15. Принимать участие в регулярных собраниях и тренингах, проводимых компанией.

2.16. Выполнять дополнительные поручения, исходящие от руководства компании.

2.17. Помогать клиентам клуба в разрешении вопросов, независимо от того, к какому подразделению эти вопросы относятся.

2.18. Следить за сохранностью аудио-, видео -и печатного материала, выданного в пользование.

2.19. Следить за состоянием собственной спортивной формы.

3. Взаимодействие с другими подразделения и специалистами

При исполнении своих должностных обязанностей инструктор тренажерного зала взаимодействует со следующими структурными подразделениями и специалистами клуба:

3.1. По вопросам обслуживания клиента:

– с инструкторами групповых программ;

– со специалистами салона красоты;

– с администраторами;

3.2. По вопросам технического и гигиенического состояния клуба:

– со специалистами отдела технической поддержки;

– со специалистами административно-хозяйственного отдела.

4. Показатели оценки деятельности

4.1. Количество жалоб клиентов на работу инструктора.

4.2. Количество несвоевременно поданных месячных отчетов.

4.3. Количество поданных отчетов с недостоверными данными.

4.4. Количество персональных тренировок.

4.5. Количество неподписанных инструктором талонов на персональную тренировку.

4.6. Результат аттестации.

4.7. Несоблюдение правил внутреннего распорядка

5. Права инструктора

5.1. Докладывать менеджеру тренажерного зала обо всех выявленных недостатках в пределах своей компетенции.

5.2. Вносить предложения по совершенствованию работы, связанной с предусмотренными данной должностной инструкцией обязанностями.

6. Ответственность инструктора

6.1. Инструктор тренажерного зала несет ответствен-ность за:

– чистоту тренажерного и кардиозалов;

– материальную ответственность за исправность оборудования тренажерного зала;

– эффективность тренировочного процесса для клиентов клуба;

– физическое состояние клиентов в тренажерном зале;

– соблюдение правил трудовой дисциплины;

– своевременное обеспечение замен при возникновении необходимости;

– четкое выполнение должностных обязанностей, предусмотренных данной должностной инструкцией;

– состояние собственной физической формы;

– поиск возможности для собственного развития и профессионального роста;

– рациональное использование рабочего времени;

– пунктуальность, организованность, ответственность и позитивизм в работе;

– участие в общественной жизни коллектива;

– работу в дополнительные часы, по мере производственной необходимости;

– внимательное отношение к собственному здоровью, своевременное предотвращение перегрузок и травм.

7. Категорически запрещается:

– работать в другом месте, кроме фитнес клуба (…);

– тренироваться во время рабочей смены;

– тренироваться в рабочей одежде со значком;

– покидать тренажерный зал в рабочее время (без замены);

– принимать персональную оплату за персональную тренировку;

– обсуждать с клиентами других инструкторов и сотрудников клуба;

– вынос, распространение, копирование и передача информации в любом виде третьим лицам. (методические, аудио-, видеоматериалы);

– производить запись на персональные тренировки в лист записи и проводить

– персональные тренировки без предварительной оплаты.

Согласовано:

_____

_____   _____
(должность непосредственного   (подпись)

(Ф.И.О..) руководителя)

« ___ » _____ 20____ г.

Ознакомлен:

_____

_____   _____
(должность)   (Ф.И.О.)   (подпись)

« ___ » _____ 20____ г.

Научно-популярное издание

Владислав ВАВИЛОВ

Основы менеджмента в фитнес-индустрии

Дизайн обложки *Екатерина Страчеус*

Литературный редактор *Андрей Баш*

Верстка *Мария Степурина*

Фото *Максим Зубцов*

Директор издательства *Иван Степурин*

Отдельная благодарность Елене Афян

Издательство «САММИТ-КНИГА»
Украина, г. Киев, ул. Обсерваторная, 25
Тел./факс: (044) 287-69-70,
sbook.com.ua, sinbook@ukr.net
Издательское свидетельство ДК 4563 от 13.06.2013

www.ingramcontent.com/pod-product-compliance
Lightning Source LLC
Chambersburg PA
CBHW070923210326
41520CB00021B/6782